"Hay atajos para llegar a la felicidad y el baile es uno de ellos".
Vicky Baum

Otros libros de esta serie:
Cosas de Niñas
El libro de los días
¡Cómo no meter la pata!

Para Hannah que ha estado bailando desde que apareció.

¡A bailar!
Cosas de niñas

Textos: María Villegas y Jennie Kent
Animación e ilustración: Garavato Animación
Carátula e ilustración: Caterina Arango
Asesoría profesional de baile y coreografías: Sajeeva Hurtado
Composición y musicalización: Nicolás Ramírez C.

Villegas editores

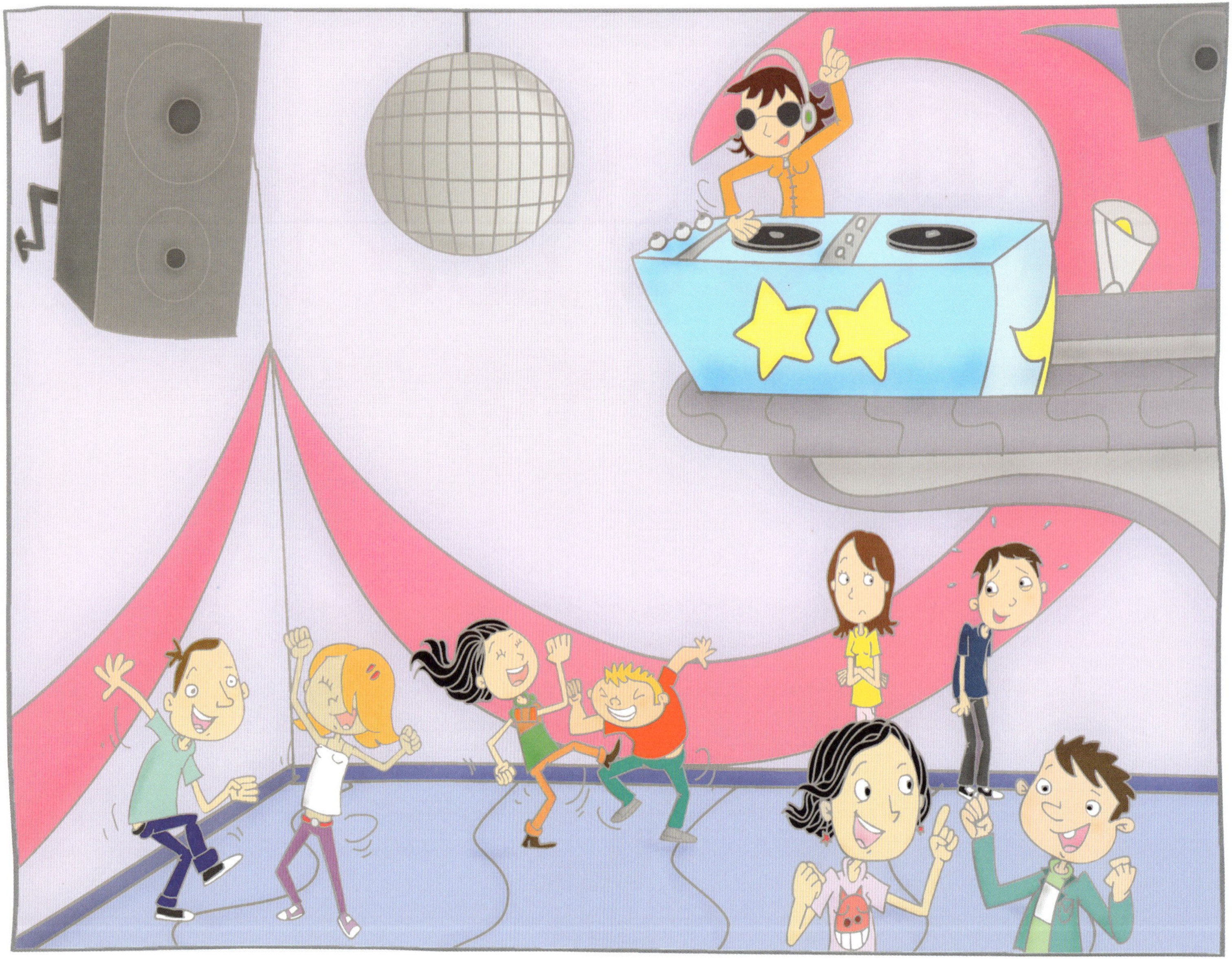

La alegría de bailar

El ser humano ha bailado desde siempre. A lo largo de la historia todas las culturas han encontrado formas de expresar sus sentimientos por medio de la danza.

Esta maravillosa actividad le ha abierto espacios a la socialización, a la amistad, al amor. Le ha permitido al ser humano posesionarse de su cuerpo y moverse cómodamente en él.

Al bailar, sin darse cuenta, como por arte de magia, el hombre olvida sus preocupaciones, eleva su autoestima, reduce su estrés y da rienda suelta a su creatividad.

El baile es como un gimnasio portátil y privado que está siempre a nuestra entera disposición. Solo o acompañado, el baile fortalece los músculos, aumenta la flexibilidad y mejora la coordinación.

Pero, además, el baile te mantiene en buen estado físico, incrementa tus niveles de energía, quema calorías y ayuda a controlar el peso. Cuando el baile se convierte en profesión, la regularidad de su práctica aumenta la disciplina física y mental.

¡El baile no tiene edad!
¡El baile produce felicidad!

Cómo usar este libro

Con este libro no solo podrás aprender a bailar, también te divertirás un montón con todas las recetas, fiestas y actividades que complementan cada baile.

Este libro trae unos soportes en las tapas para que puedas mantenerlo en pie, abierto en la página que quieras, mientras sigues las instrucciones del paso que estás ensayando.

Para aprovecharlo al máximo, ten en cuenta que en la sección de cada baile encontrarás:

- Dos páginas con datos sobre su historia, su origen y las costumbres que lo rodean.

- Dos importantes secciones: una para calentar tu cuerpo antes de bailar, y otra para enfriarlo —estirando los músculos— al terminar. No te las saltes. Al seguirlas te sentirás mejor y evitarás maltratar tu cuerpo.

- Un DVD para perfeccionar las lecciones del libro y practicar las coreografías, junto con todo el elenco de *Cosas de Niñas*. Encuentra también música para cada baile. ¡Verás cómo terminas siendo una experta!

- **Ojo:** ¡busca este ! Cuando aparece significa que en **www.cosasdeninas.com** hay muchas sorpresas adicionales para ti.

¡No te pierdas todas las fiestas y actividades que te esperan en la página web!

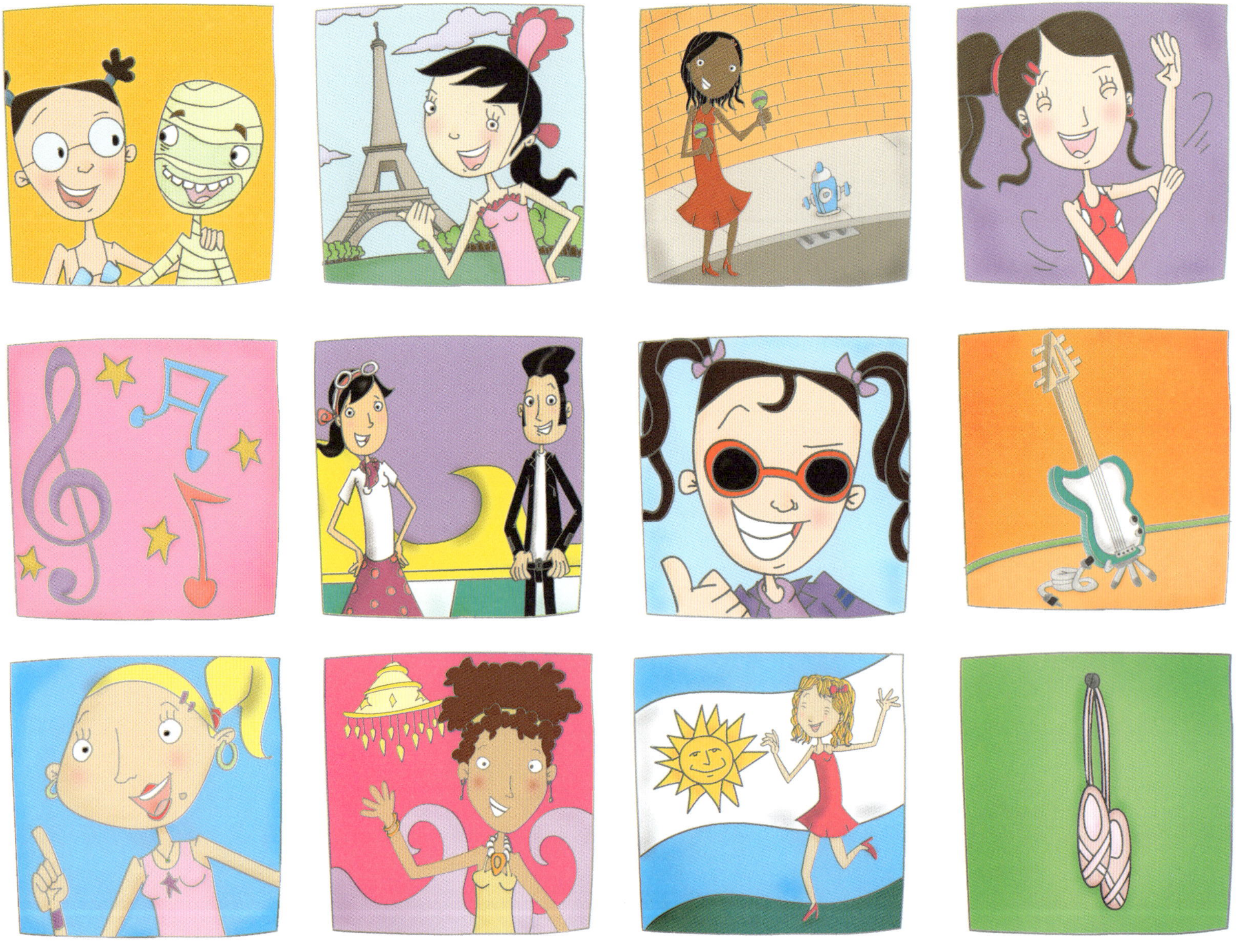

Rock and Roll Maia 10

Salsa Sabrina 50

Tango Emma 86

DANZA ÁRABE Fiona 116

Rumba flamenca Silvia........152

Vals Úrsula................................192

Cancán Juliana......................220

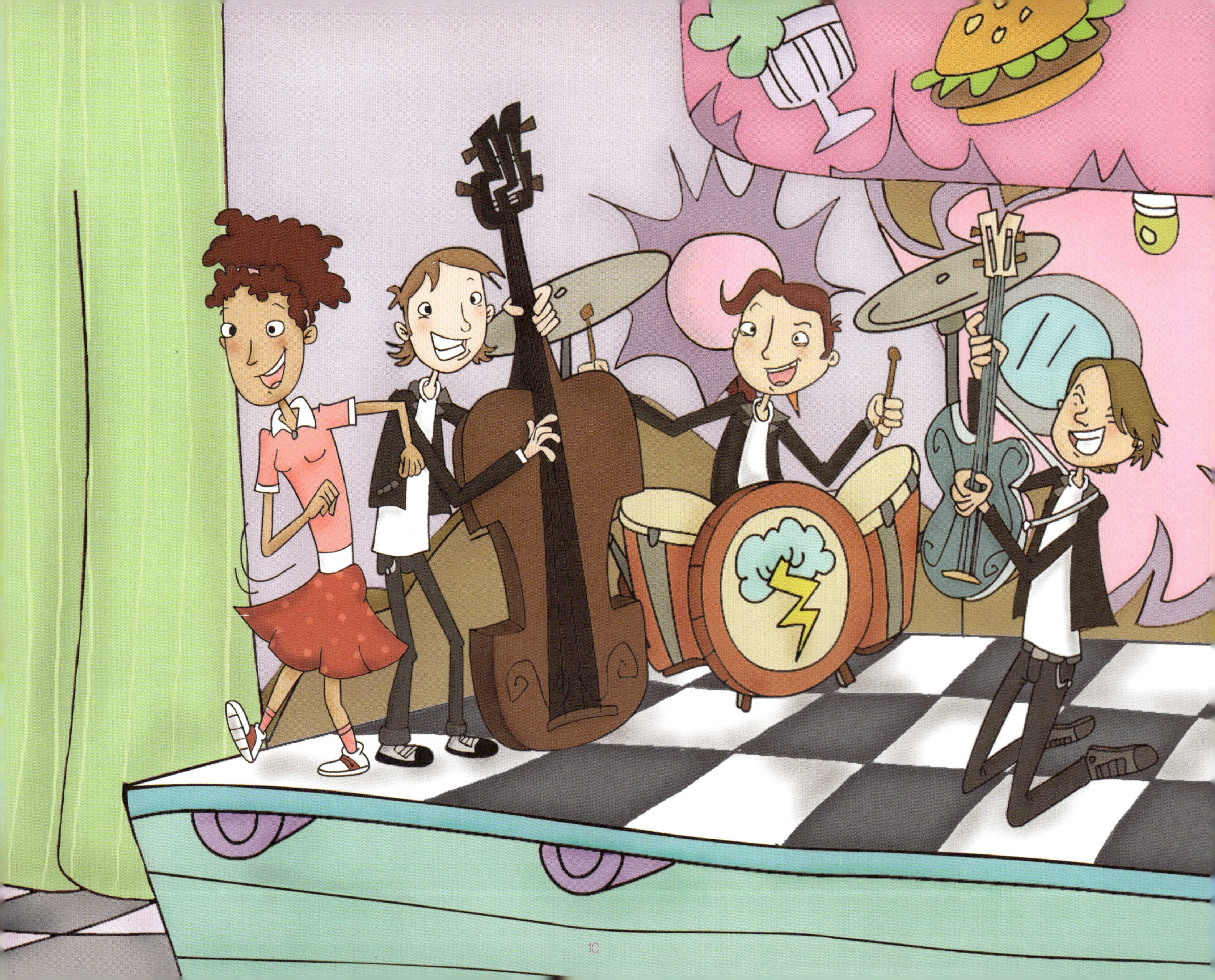

Rock and Roll

- El Rock and Roll nació en Estados Unidos, durante los años 50 del siglo pasado.

- Su popularidad fue tal, que logró integrar y armonizar a los adolescentes de todas las culturas y grupos sociales del país.

- El Rock and Roll fue tan poderoso que influyó en la moda, en el estilo de vida y hasta en el lenguaje del momento.

Las fiestas que hacían los niños de esa época recibían el nombre de "sock hops" porque retiraban los tapetes y bailaban en medias.

El Rock and Roll combinó muchos géneros musicales. Sus instrumentos favoritos fueron el bajo, la guitarra eléctrica y la batería.

La pinta

El peinado de moda era la cola de caballo, adornada con un pañuelo.

Los aretes del momento eran los topos. No se usaban pendientes largos ni candongas.

Toda niña soñaba con tener un collar de perlas.

Las camisas de manga corta y el suéter abierto o sobre los hombros eran una buena opción.

Las faldas eran rotondas para adornar los giros.

Los zapatos combinados —"cocacolos"— completaban la pinta, aunque muchas veces se bailaba en medias.

Las camisetas de algodón ceñidas servían para resaltar la musculatura.

La chaqueta a la mano, para cubrir a la pareja si sentía frío, era un accesorio imprescindible.

La peinilla de bolsillo, para repasar el peinado, que se fijaba con brillantina, era obligatoria.

Los niños llevaban *jeans* o pantalones ajustados, a menudo negros.

Hoy día, las zapatillas tipo Converse® son cómodas para bailar y se ven retro.

Falda rocanrolera

Las faldas rocanroleras eran lo máximo para las fiestas. Muy anchas, se balanceaban al andar y, con frecuencia, estaban decoradas con apliques de perritos poodle u otros motivos.

NECESITAS

Metro de costura

6 pliegos de papel de seda blanco para el molde

Cinta pegante

Tiza de costura

Tijeras, alfileres

Fieltro para una falda de tu talla

Elástico grueso de la medida de tu cintura + 5 cm

Gancho nodriza

Trozos de fieltro de colores para decorar la falda

Aguja e hilo o máquina de coser

Antes de lanzarte a hacer tu falda, ensaya haciéndole una a tu muñeca con un retazo que tengas a mano.

PARA SACAR EL MOLDE

1. Para empezar, toma el metro y anota las siguientes medidas: Cintura: ____ + 5 cm = ____ será tu medida **(C)**; largo o distancia desde la cintura hasta la mitad de la pantorrilla: ____ + 5 cm = ____ será tu medida **(L)**.

2. Extiende el papel sobre una superficie plana y únelo con cinta pegante, formando un rectángulo. Dobla el rectángulo por la mitad. Dibuja una "X" en el punto medio del doblez del rectángulo.

3. A partir de la "X", con la tiza de costura, marca con punticos la mitad de la medida **C**, a todo el rededor. Une estos puntos. Verás que aparece un semicírculo. Recórtalo con cuidado y descártalo.

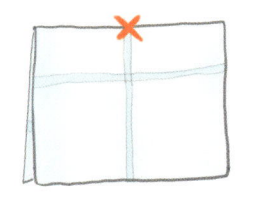

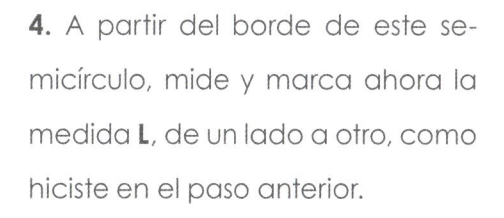

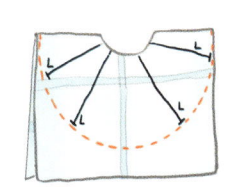

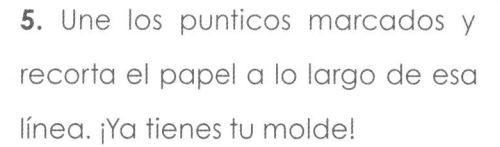

4. A partir del borde de este semicírculo, mide y marca ahora la medida **L**, de un lado a otro, como hiciste en el paso anterior.

5. Une los punticos marcados y recorta el papel a lo largo de esa línea. ¡Ya tienes tu molde!

6. Ahora abre el molde. Verás que parece una *doughnut*. Con este molde ya puedes calcular cuánto fieltro necesitas para hacerte tu falda rocanrolera.

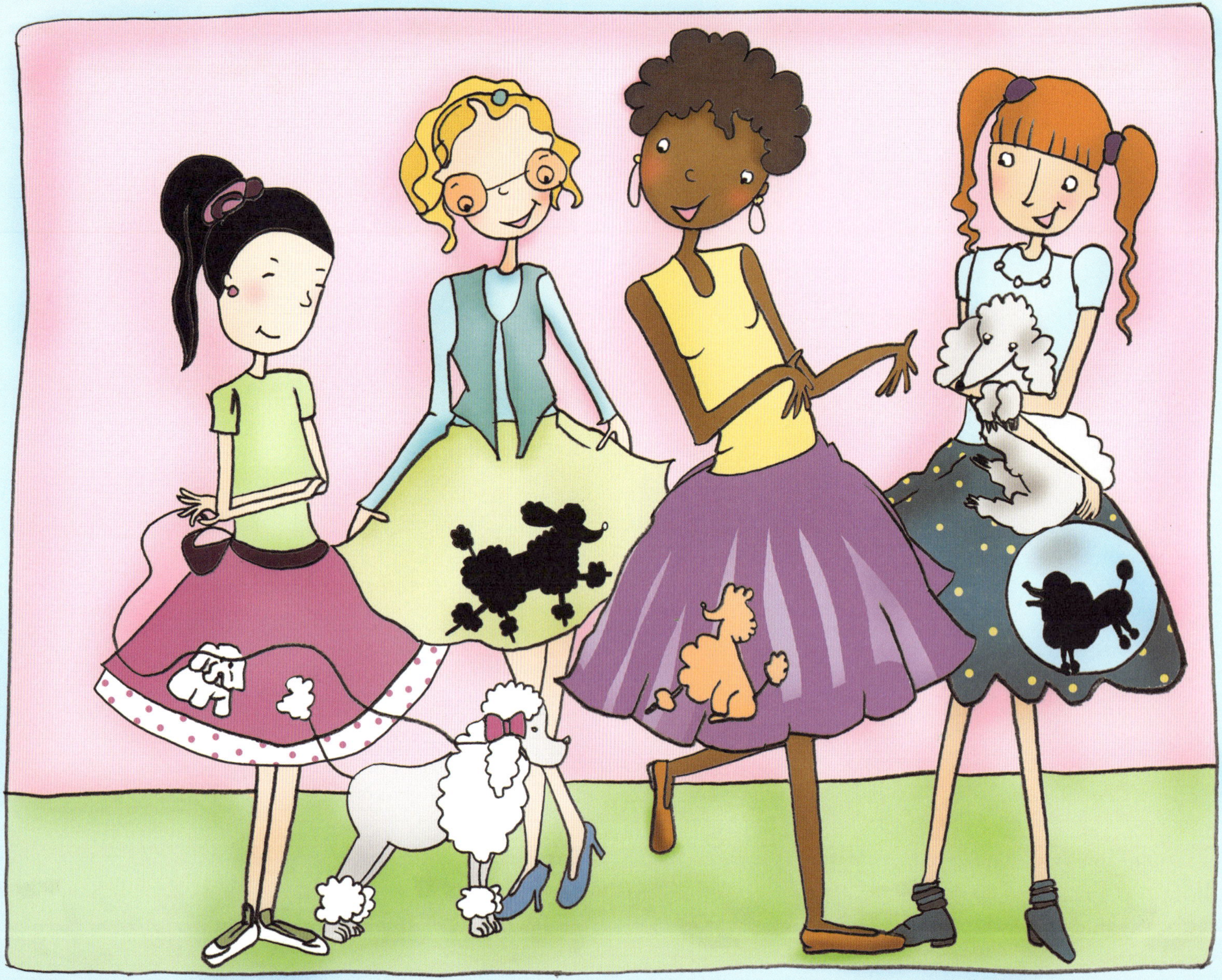

PARA CORTAR LA TELA

1. Fija el molde al fieltro con alfileres y corta la tela en igual forma. Descarta el molde de papel.

2. Extiende el fieltro. Haz cuatro cortes de 3 cm a partir del borde de la cintura —arriba, abajo y a los dos lados— para formar lo que será la pretina de la falda.

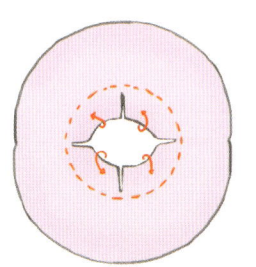

3. Dobla la tela entre los cortes y cósela como un dobladillo, dejando el espacio necesario para pasar el elástico.

4. Pasa el elástico por dentro del dobladillo y cose los extremos para cerrarlo.

PARA PEGAR EL POODLE

Dibuja la silueta de un poodle en papel y recórtala. Pon este molde sobre la tela, márcalo con tiza y recorta la tela. Puedes decorar el poodle antes de pegarlo a la falda por el derecho.

¡Fuera zapatos!

Invita unos amigos, enrolla los tapetes y diviértete bailando en medias al estilo "sock hop".

¿Qué hacer para pasarla bomba?
- Faldas de poodle
- Concurso de hula-hula
- Jugar Twister®
- Bombas de chicle
- Bailar Rock and Roll

¿Qué servir?
Anillos de cebolla, hamburguesas, perros calientes, papitas a la francesa, malteadas, helados flotantes, banana split, torta chiffón…

¿Qué música poner?
Canciones populares como:
- Rock Around the Clock
- That's All Right (Mama)
- Shake Rattle and Roll
- The Twist

O cualquier disco de:
- Chuck Berry
- Bill Haley and the Comets
- Elvis Presley
- Big Joe Turner
- Little Richard
- Chubby Checker

Vaca negra

NECESITAS

2 tazas de Coca-Cola®
4 bolas de helado de vainilla
Copas o vasos

1. Pon una de las bolas de helado en cada copa alta o vaso grande de vidrio.

2. Vierte la Coca-Cola sobre el helado, evitando que la espuma se riegue.

3. Añade el resto de helado y sirve.

Esta cantidad te rinde para 2 porciones.

Un paso antes

Antes de iniciar una sesión de baile o cualquier rutina de ejercicios, es necesario calentar el cuerpo. El objetivo del calentamiento es aumentar la temperatura interna del cuerpo a fin de prepararlo para ejercicios de mayor intensidad y evitarle lesiones.

Una forma divertida de hacerlo es con un hula-hula, pero antes necesitas un poco de estiramiento de cadera, brazos y cuello, así:

1. De pie, con las manos en la cintura, dibuja círculos con la cadera, 20 veces hacia un lado y 20 hacia el otro.

2. Estira los brazos hacia los lados y gíralos 10 veces hacia atrás y 10 hacia adelante.

3. Deja caer la cabeza hacia adelante y sostén la postura 10 segundos. Haz lo mismo hacia un lado y luego hacia el otro, cada vez por el mismo tiempo.

Toma el hula-hula y diviértete

🌸 ¿Sabías que jugar al hula-hula es buenísimo para sacar cintura y mejorar el equilibrio y la coordinación?

1. Con el hula-hula en la cintura mueve la cadera y el tronco de manera circular, tratando de sostenerlo el máximo posible.

2. Ahora ponlo en la parte del brazo que te resulte más cómoda y sostenlo, girando hacia adelante o hacia atrás. Cambia de brazo y repite el ejercicio.

🍁 ¡Desafío! ¿Será que logras hacer los giros con ambos brazos a la vez?

🌹 Lleva el aro al cuello y, moviendo balanceadamente la cabeza, hazlo girar de forma pareja, primero hacia un lado y luego hacia el otro.

🌹 Una vez que hayas calentado los músculos, puedes empezar a practicar los pasos que debes dominar para el Rock and Roll.

Pateando

🎲 **Inicia en la posición cero**: de pie, con las piernas juntas.

🎲 Patea con tu pierna derecha hacia el frente, mientras doblas tu brazo izquierdo también al frente. Vuelve a la posición inicial.

🎲 Ahora patea con tu pierna izquierda hacia el frente, mientras doblas tu brazo derecho también al frente. Vuelve a la posición inicial.

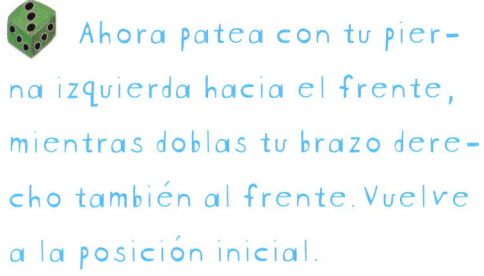

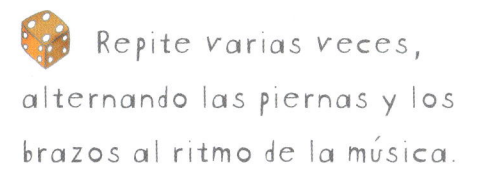

🎲 Repite varias veces, alternando las piernas y los brazos al ritmo de la música.

🚗 El Rock and Roll demanda actitud y entusiasmo. Sonríe y muévete con gracia mientras bailas.

Lado a lado

🎲 Inicia en la posición cero: de pie, con las piernas juntas.

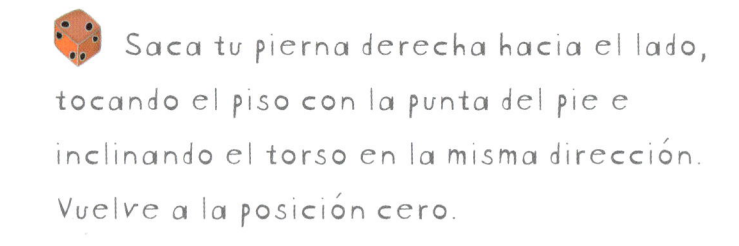

🎲 Saca tu pierna derecha hacia el lado, tocando el piso con la punta del pie e inclinando el torso en la misma dirección. Vuelve a la posición cero.

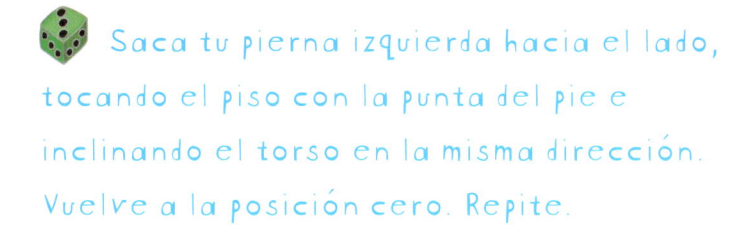

Saca tu pierna izquierda hacia el lado, tocando el piso con la punta del pie e inclinando el torso en la misma dirección. Vuelve a la posición cero. Repite.

Elvis Presley, conocido como El rey del Rock and Roll, acostumbraba a llevar atuendos adornados con pedrería y objetos metálicos, que podían llegar a pesar hasta más de 10 kilos.

Twist

🎲 Inicia en la posición cero: de pie, con las piernas juntas. Dobla los brazos a la altura de la cintura.

🎲 Gira el torso hacia uno y otro lado, manteniendo los brazos doblados y moviéndolos en dirección opuesta al tronco.

Continúa alternando los lados.

Cuando hagas este paso, trata de no mover la cadera. Solo debes mover el torso. Practica hasta que lo domines.

Twist a los lados

🎲 Inicia en la posición cero: de pie, con las piernas juntas. Dobla los brazos a la altura de la cintura.

🎲 Saca una pierna hacia el lado, flexionando ligeramente la otra rodilla y dejando el peso del cuerpo sobre esta pierna. La otra pierna queda extendida y apoyada en la punta del pie.

Manteniendo la pierna extendida, gira el torso y los brazos como en el paso del twist.

Para cambiar de lado, sencillamente lleva el peso de tu cuerpo a la otra pierna y mueve el torso y los brazos de igual forma.

El slide

🎵🎵🎵🎵🎵

🎲 Inicia en la posición cero: de pie, con las piernas juntas.

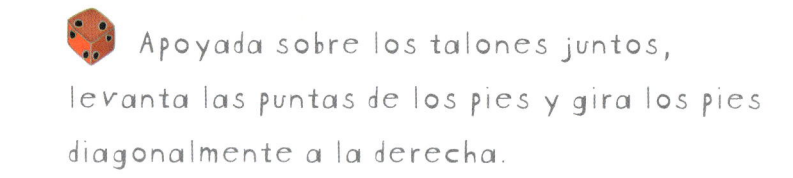

🎲 Apoyada sobre los talones juntos, levanta las puntas de los pies y gira los pies diagonalmente a la derecha.

⚄ Apóyate en las puntas y deslízate hacia la derecha, de manera que los pies queden apuntando diagonalmente hacia la izquierda.

⚀ Repite el paso varias veces, desplazándote a la derecha, como en un zigzag. Luego haz lo mismo en la otra dirección.

Salto 1

⚀ Inicia en la posición cero: de pie, con las piernas juntas.

⚁ Dando un ligero salto, patea diagonalmente hacia la izquierda con el pie derecho, moviendo los brazos en sentido contrario y vuelve al centro.

⚂ Ahora haz lo mismo hacia el otro lado con el pie izquierdo. Repite alternando.

Salto 2

🎲 Dando un ligero salto, patea hacia el frente con el pie derecho flexionado, mientras levantas el brazo izquierdo doblado hacia adelante. Regresa y repite con la otra pierna.

Salto 3

🎲 Salta y abre las piernas, cayendo con los pies apuntando hacia afuera. Los antebrazos se abren al tiempo con las piernas.

🎲 Regresa con un salto, cerrando piernas y brazos al mismo tiempo.

Caminata

🎲 Inicia en la posición cero: de pie, con las piernas juntas.

🎲 Empezando con la pierna derecha, camina hacia adelante, apoyando primero la punta del pie y luego el talón. Los brazos se mueven en sentido contrario a las piernas.

Sigue caminando, alternando las piernas y los brazos.

También puedes hacer este paso hacia atrás, apoyando siempre la punta primero y luego el talón, y moviendo los brazos en dirección opuesta a los pies y las piernas.

Círculos con rodillas

🎲 Inicia en la posición cero: de pie, con las piernas juntas.

🎲 Saca un poco la pierna derecha hacia el lado, apoyándola en la punta del pie. Mueve la rodilla en forma circular, sin levantar el pie ni tensionar el tobillo.

Repite lo mismo con la otra pierna.

Puedes mover los brazos en forma circular al tiempo que lo haces con las rodillas.

Círculos dobles

🎲 Inicia con los pies un poco separados.

🎲 Apóyate en las puntas de los pies mientras mueves las rodillas en forma circular hacia adentro o hacia afuera. Acuérdate de mantener los tobillos sueltos. Sostén los brazos pegados al cuerpo, levantando solo los antebrazos, que deben girar al tiempo y en la misma dirección que las rodillas.

Patadas al cuadrado

🎲 Inicia en la posición cero: de pie, con las piernas juntas.

🎲 Patea con tu pie derecho hacia adelante, mientras doblas tu brazo izquierdo también hacia adelante. Regresa al punto de partida y repite con la otra pierna y el otro brazo.

🎲 Gira tu cuerpo a la izquierda y repite las patadas con ambas piernas.

🎲 Gira otra vez a la izquierda y repite las patadas con ambas piernas.

🎲 De nuevo gira tu cuerpo a la izquierda y repite las patadas con ambas piernas.

🎲 Vuelve a girar tu cuerpo a la izquierda para completar el cuadrado y volver a la posición inicial. Repite las veces que quieras.

Sacudida de hombros

⚁ Inicia en la posición cero: de pie, con las piernas juntas.

⚄ Con los brazos pegados al cuerpo y los antebrazos doblados hacia adelante, sube y baja los hombros, alternando los lados.

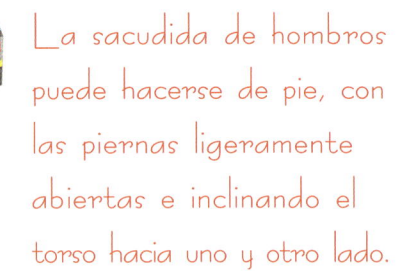

La sacudida de hombros puede hacerse de pie, con las piernas ligeramente abiertas e inclinando el torso hacia uno y otro lado.

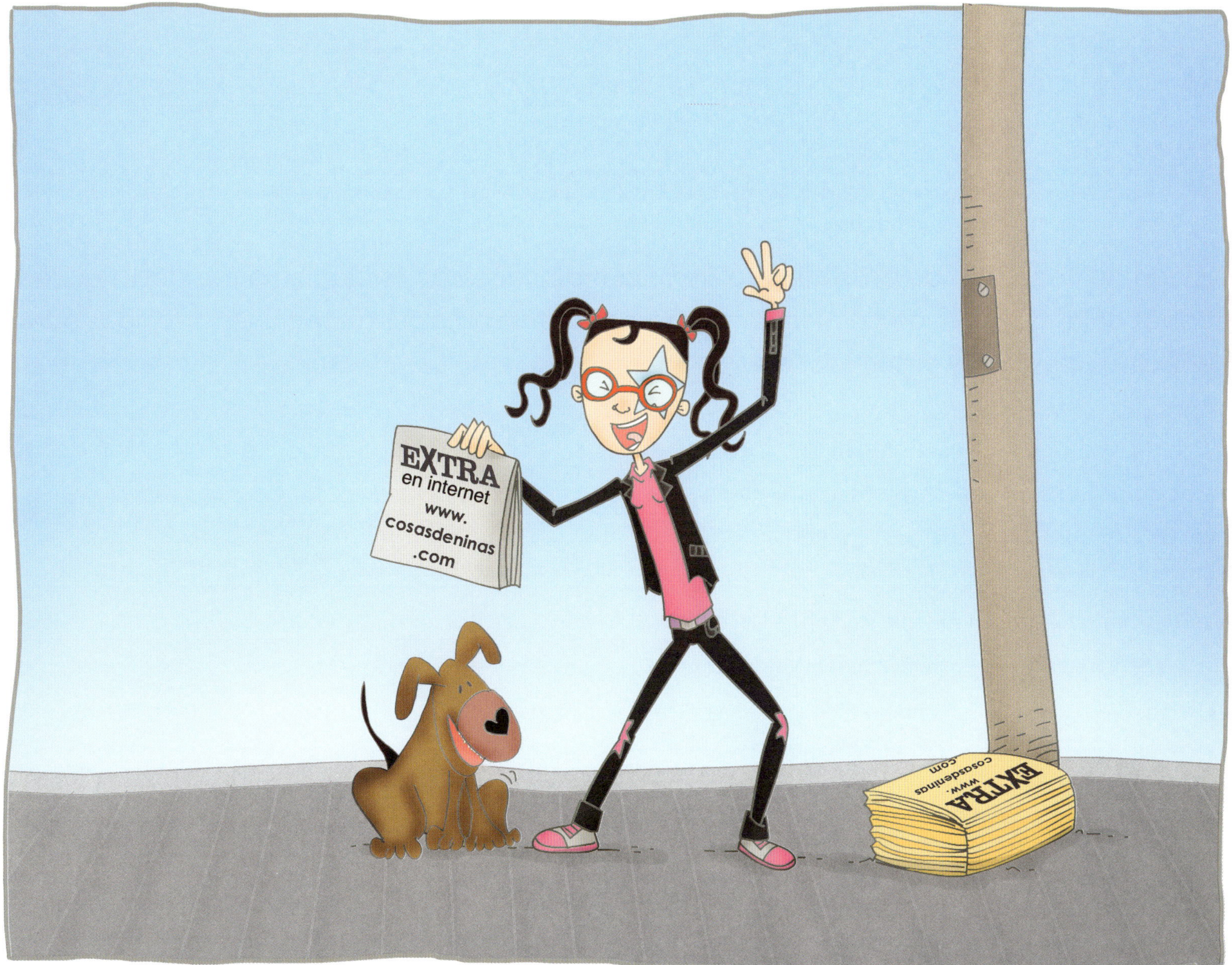
EXTRA
en internet
www.
cosasdeninas
.com

Un paso después

Luego de una sesión de baile rocanrolero tu cuerpo necesita volver a la normalidad. Pero no debes dejar de bailar de un momento para otro. Estas son algunas opciones divertidas para enfriar tus músculos y evitar lesiones:

1. Haz todos los pasos del baile y, poco a poco, baja la intensidad y el ritmo hasta que parezca que lo haces a paso de tortuga.

2. Saltar lazo es otro ejercicio, tanto de calentamiento como de enfriamiento. Toma una cuerda y salta con ella como más te guste: con un pie, con los dos, rápido, lento…

3. Si estás con tu grupo de amigas, pueden turnarse y jugar en equipos.

4. Toma un elástico de unos 3 o 4 metros de largo y amarra las puntas. Llama a un par de amigas y juega el popular "chicle americano". El canto, los saltos y los movimientos de brazos y pies ayudarán a que te relajes.

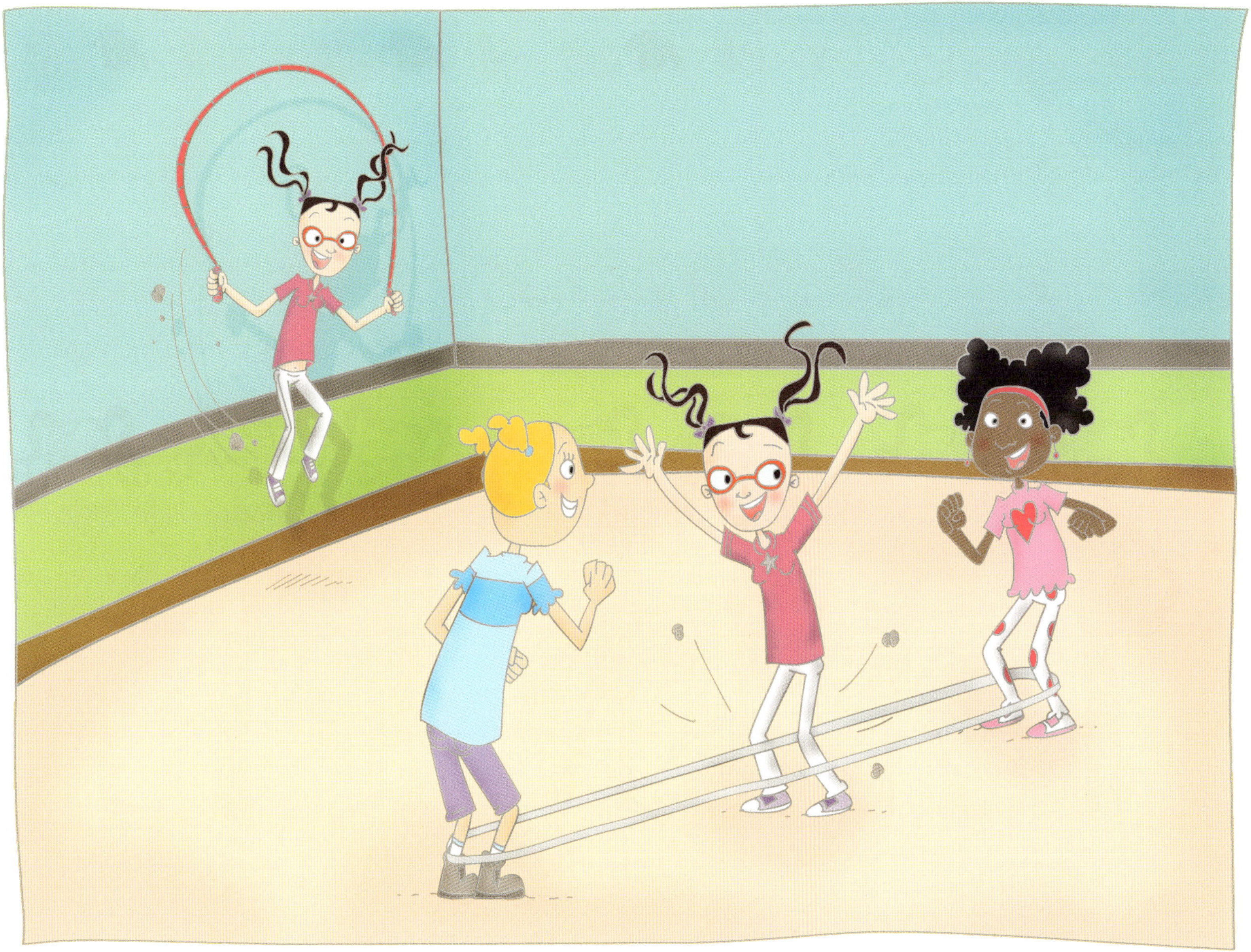

Coreografía de Maia

Pateando	Lado a lado	Pateando	Lado a lado	Twist	El slide	Saltos 1 y 3
2 veces	4 veces a la derecha	2 veces	4 veces a la izquierda	2 veces a cada lado	4 veces a cada lado	Salto 1: 2 veces Salto 3: 1 vez

Sacudida de hombros	Caminata	Círculos con rodillas	Círculos dobles	Patadas al cuadrado	Saltos 1 y 3
4 veces a cada lado	4 adelante y 4 atrás	4 veces	6 veces	1 vez a la izquierda	Salto 1: 2 veces Salto 3: 1 vez

Para terminar, realiza un giro.

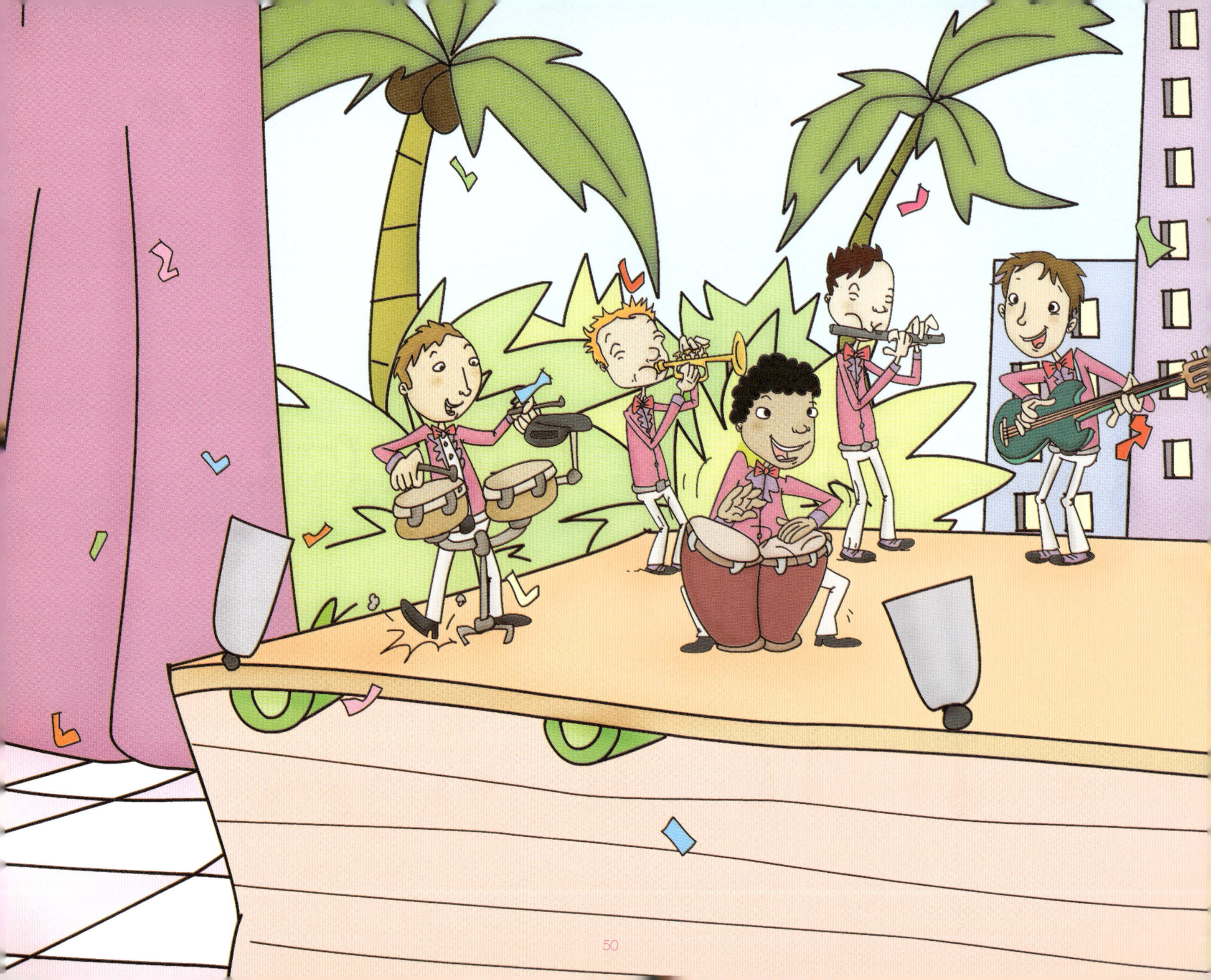

Salsa

La salsa es como un salpicón de ritmos. Tiene un poco de jazz, un poco de son cubano y un poco de otras músicas populares del Caribe. Incluso algo de la vieja contradanza europea.

La salsa entró en furor hacia 1960 en Nueva York, donde se presentaban muchos artistas latinoamericanos. De allí se difundió por el resto del mundo.

Surgida en el medio latino, las canciones reflejan historias de estas comunidades.

Tal ha sido el éxito de la salsa, que hasta en Japón existe una famosa orquesta de salsa, que se llama "Orquesta de la Luz".

La pinta

El pelo recogido en cola de caballo te mantiene fresca.

Los tops ajustados destacan tu figura.

Las faldas anchas añaden gracia a tus movimentos.

Los zapatos con suela de cuero te permiten deslizarte mejor.

El pelo echado hacia atrás te despeja la cara.

La camisa ajustada y metida entre el pantalón resalta tus movimientos.

Los pantalones oscuros te harán ver más ágil y ligero.

Los zapatos de vestir te dan un cierto toque de elegancia.

Collares al natural

NECESITAS

Aguja e hilo de nylon

Trozos de tagua o de semillas de girasol, sandía, melón...

Gancho o broche de bisutería

Anilinas de colores (opcional)

1. Enhebra la aguja con un pedazo de hilo de nylon y pásala por las semillas —intercalándolas a tu gusto— hasta alcanzar el largo deseado del collar.

2. Asegura los extremos, rematándolos bien con el gancho o broche.

Para unos collares más vistosos, tiñe las semillas con anilinas de colores. Asegúrate de que estén bien secas antes de armar el collar.

Malteada tropical

NECESITAS

2 mangos grandes, maduros y picados

1 taza de trocitos de piña

Jugo de 1 naranja

2 tazas de helado de coco

1. En una licuadora echa el mango, la piña, el jugo de naranja y el helado de coco y procesa hasta obtener una mezcla homogénea.

2. Sirve de inmediato en vasos de vidrio helados o en medios cocos para una presentación más divertida.

Esta cantidad te rinde para 4 a 6 porciones. Para más invitados multiplica la receta.

¡Una noche en Nueva York!

Crea el ambiente para una rica piyamada al estilo de Nueva York, la ciudad que nunca duerme. Alista buena música de fondo, juegos, picadas y bebidas. No olvides preparar los *sleeping bags* y comprar los ingredientes para la pizza...

Un paso antes

Antes de empezar a bailar, prepara tu cuerpo con esta serie de entretenidos ejercicios.

1. Toma una pelota grande, como las de inflar que se usan en la playa, apóyala contra una pared y recuesta tu espalda contra ella.

2. Empieza a agacharte, subiendo y bajando con suavidad, sin dejar caer la pelota. Ensaya varios niveles de dificultad. Trata de mover todo el cuerpo, llevando la pelota muy alto (hasta tu cabeza) y muy bajo (hasta tus pies). Haz este ejercicio durante 3 minutos.

3. En compañía de una amiga, agrégale dificultad. Pon la pelota entre tu espalda y la de ella y traten de moverse o de bailar al tiempo, sin dejarla caer. La idea es hacer juntas los mismos movimientos que hiciste contra la pared. Haz este ejercicio durante 3 minutos.

4. Haz un concurso con las amigas para ver cual mantiene más tiempo la pelota en el aire, golpeandola de seguido una y otra vez.

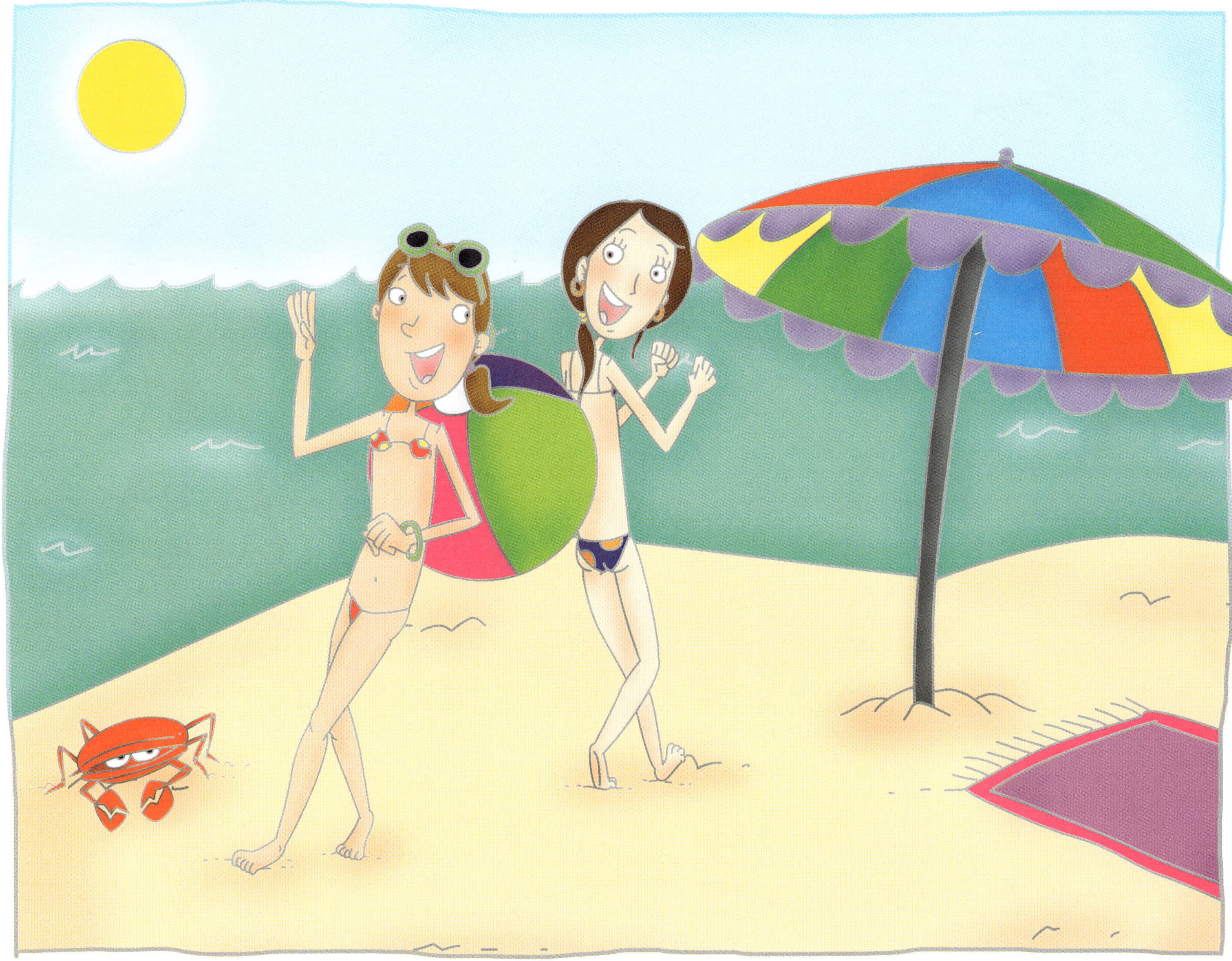

La mecedora

☝ Inicia en la posición cero: de pie, con las piernas juntas.

✌ Desplaza el pie derecho y el peso del cuerpo hacia adelante.

🤟 Vuelve al centro.

🖐 Desplaza el pie izquierdo y el peso del cuerpo hacia atrás.

🖐 Vuelve al centro.

📿 También puedes hacer este paso con el pie izquierdo hacia adelante y el derecho atrás.

💍 Como sucede con todo, la habilidad corporal mejora con la práctica. Si ejercitas con frecuencia, irás viendo el progreso.

El meneadito

☝ Inicia en la posición cero: de pie, con las piernas juntas.

✌ Desplaza el pie derecho y el peso de tu cuerpo hacia la derecha.

🖐 Vuelve al centro.

🖐 Desplaza el pie izquierdo y el peso de tu cuerpo hacia la izquierda.

🖐 Vuelve al centro.

🥁 Practica con tus amigas, frente a frente, como si fueran un espejo. De esta forma te acostumbrarás al baile en pareja.

El voy y vengo

☝ Inicia en la posición cero: de pie, con las piernas juntas.

✌ Desplaza el pie derecho y el peso del cuerpo hacia atrás.

🤟 Vuelve al centro.

🖐 Desplaza el pie izquierdo y el peso del cuerpo hacia atrás.

🖐 Vuelve al centro.

🍓🍓 También puedes realizar este paso hacia el frente.

El paseito

☝️ Inicia en la posición cero: de pie, con las piernas juntas.

✌️ Gira el cuerpo hacia la derecha, desplazando el pie derecho hacia atrás para formar una "T" con el izquierdo. Vuelve al centro.

Gira el cuerpo hacia la izquierda, desplazando el pie izquierdo hacia atrás, para formar una "T" con el derecho.

Vuelve al centro.

En la salsa, en general, cuando se baila en pareja, los dos pueden ir hacia atrás y después hacia adelante. Cuando van hacia adelante los pasos deben ser cortos para no pisarse. También uno puede ir hacia atrás y otro hacia adelante.

El zurdo

☝ Desplaza el pie izquierdo y el peso del cuerpo hacia la izquierda.

✌ Vuelve al centro.

☝ Inicia en la posición cero: de pie, con las piernas juntas.

👋 De nuevo, desplaza el pie izquierdo y el peso del cuerpo hacia la izquierda.

👋 Vuelve al centro.

👠 También puedes hacer este paso hacia la derecha o con cualquiera de las dos piernas, hacia adelante o hacia atrás. Hazlo siempre dos veces seguidas.

👠 Cuando desplaces el peso del cuerpo, deja que la cadera se involucre en el movimiento. No debes parecer un robot.

El tintineo

☝ Inicia en la posición cero: de pie, con las piernas juntas.

✌ Lanza una patada hacia adelante con el pie derecho.

🖖 Vuelve al centro.

🖐 Marcha en el puesto 2 veces, como si estuvieras caminando sin avanzar.

🖐 Al terminar esta secuencia, repítela con la otra pierna y sigue alternando las veces que quieras.

Aprovecha la marcha para unir un paso con el siguiente o para llenar los tiempos libres. La marcha en el puesto es una especie de comodín para cambiar de paso o para no perder el ritmo.

El cruzadito

☝️ Inicia en la posición cero: de pie, con las piernas un poco separadas.

✌️ Desplaza el pie izquierdo hacia atrás.

🖐 Cruza el pie derecho por delante del izquierdo.

🖐 Vuelve a la posición cero con la pierna izquierda y descansa.

🍉 Puedes hacer este paso con el otro pie.

El vaivén

☝ Inicia en la posición cero: de pie, con las piernas juntas y los brazos doblados hacia el frente.

✌ Desplaza la pierna derecha y el peso del cuerpo hacia adelante.

🖐️ Gira hacia la derecha, desplazando la pierna derecha hacia atrás, para quedar mirando a la derecha.

🖐️ Repite. Este paso también puede hacerse con la otra pierna.

🚩 Para facilitar los giros, mueve primero el pie en la dirección hacia donde quieras ir y luego el cuerpo.

El gira gira

☝ Inicia en la posición cero: de pie, con las piernas juntas.

☝ Desplaza la pierna derecha en diagonal hacia atrás, lo más que puedas.

☝ Gira por delante, hacia la derecha, hasta quedar mirando hacia atrás.

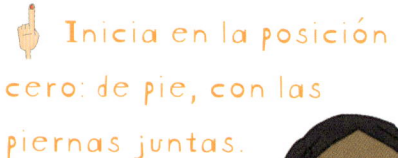

✋ Desplaza de nuevo el pie derecho en diagonal hacia atrás, lo más que puedas.

✋ Completa el giro y mueve la pierna izquierda para terminar en la posición cero.

Este es un giro completo, que puedes hacer hacia ambos lados con cualquiera de las piernas.

La vuelta

☝ Inicia en la posición cero: de pie, con las piernas juntas.

✌ Gira el pie derecho hacia la derecha.

🤟 Gira el cuerpo hacia la derecha, desplazando la pierna izquierda, para terminar mirando hacia atrás.

✋ De nuevo, gira el pie derecho hacia la derecha, con la punta del pie mirando en esta dirección.

✋ Ahora gira el cuerpo hacia la derecha, desplazando la pierna izquierda para terminar mirando al frente.

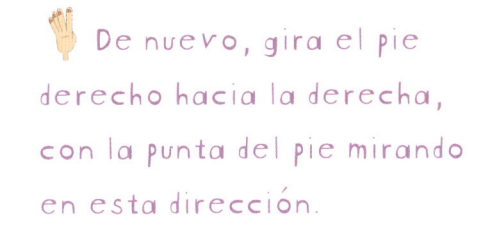

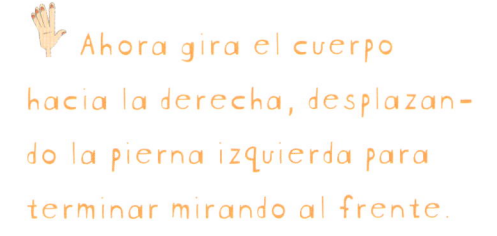

Los giros funcionan en cualquier dirección.

No hagas movimientos muy exagerados durante los giros porque perderás un tiempo y, con ello, tu empalme con la música.

Debes moverte como deslizando tus piernas de una a otra postura.

Un paso después

Es hora de volver a la normalidad. Para ello te invitamos a realizar una actividad muy divertida que cerrará con broche de oro tu tarde salsera: ¡jugar al "limbo"! El limbo es una danza de origen africano que involucra todo el cuerpo. Para hacerlo necesitas un "limbo", es decir un palo largo, que puede ser de escoba, y mucho entusiasmo.

1. Pon música movida, puede ser una grabación de percusiones africanas, y pídele a dos amigas que sostengan cada una un extremo del limbo, bien alto.

2. La idea es pasar por debajo del limbo, arqueando la espalda y echando la cabeza hacia atrás, sin tocar el palo ni caerse. Verás las piruetas que cada uno hace para lograrlo.

3. Pon a bailar a todos y hazlos pasar por debajo del limbo, en orden, uno por uno.

4. El limbo debe ir bajando de altura después de cada ronda, aumentando con ello el nivel de dificultad para los bailarines.

5. El juego termina cuando ya nadie más puede pasar. Repite las veces que quieras.

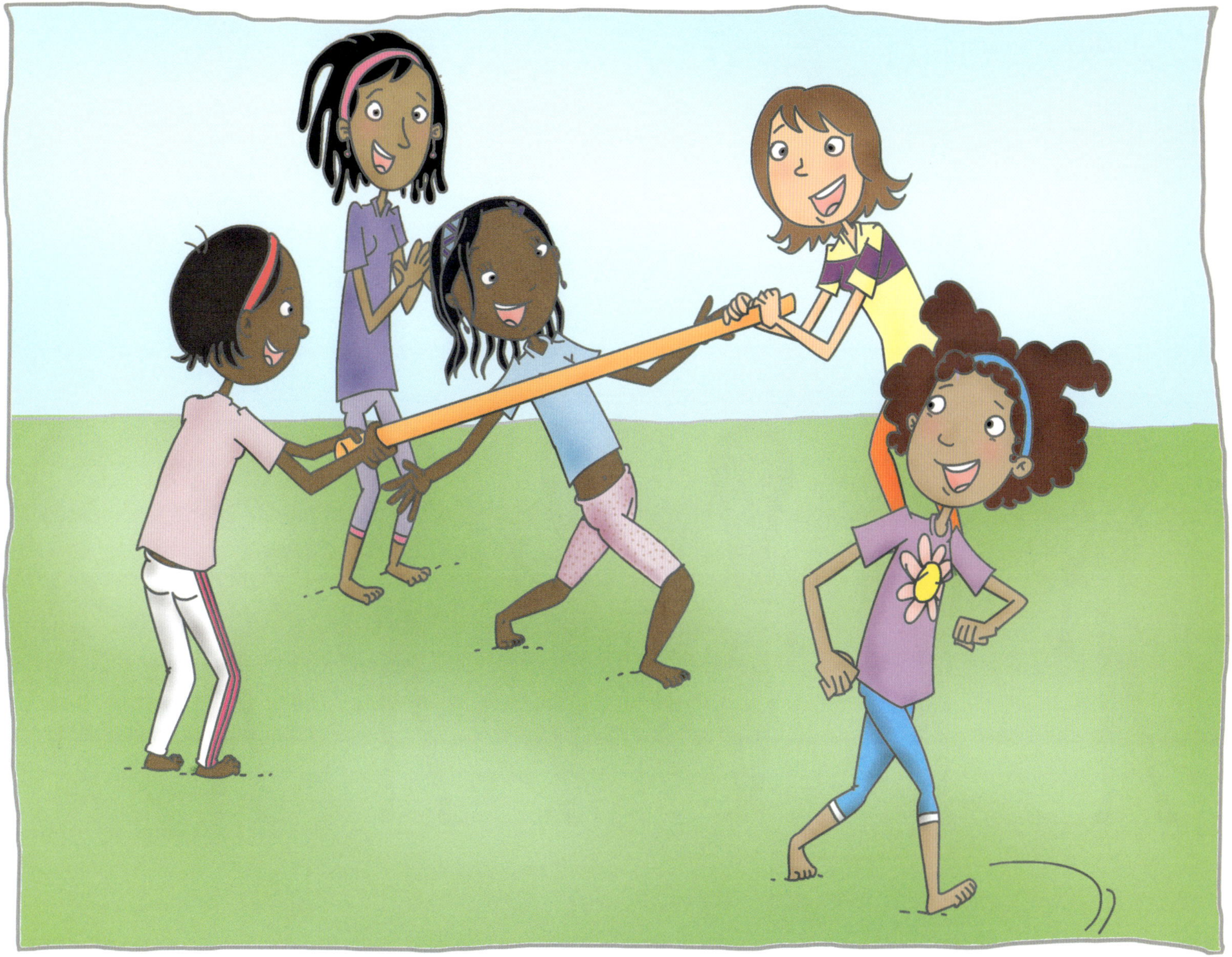

Coreografía de Sabrina

El meneadito	La mecedora	El voy y vengo	El paseito	El meneadito	El gira gira	El vaivén
2 veces	2 veces	2 veces	2 veces	1 vez	1 vez	2 veces

El voy y vengo	El cruzadito	La vuelta	El paseito	El tintineo	El meneadito
1 vez	4 veces	1 vez	1 vez	2 veces	1 vez

Para terminar, realiza un giro.

TANGO

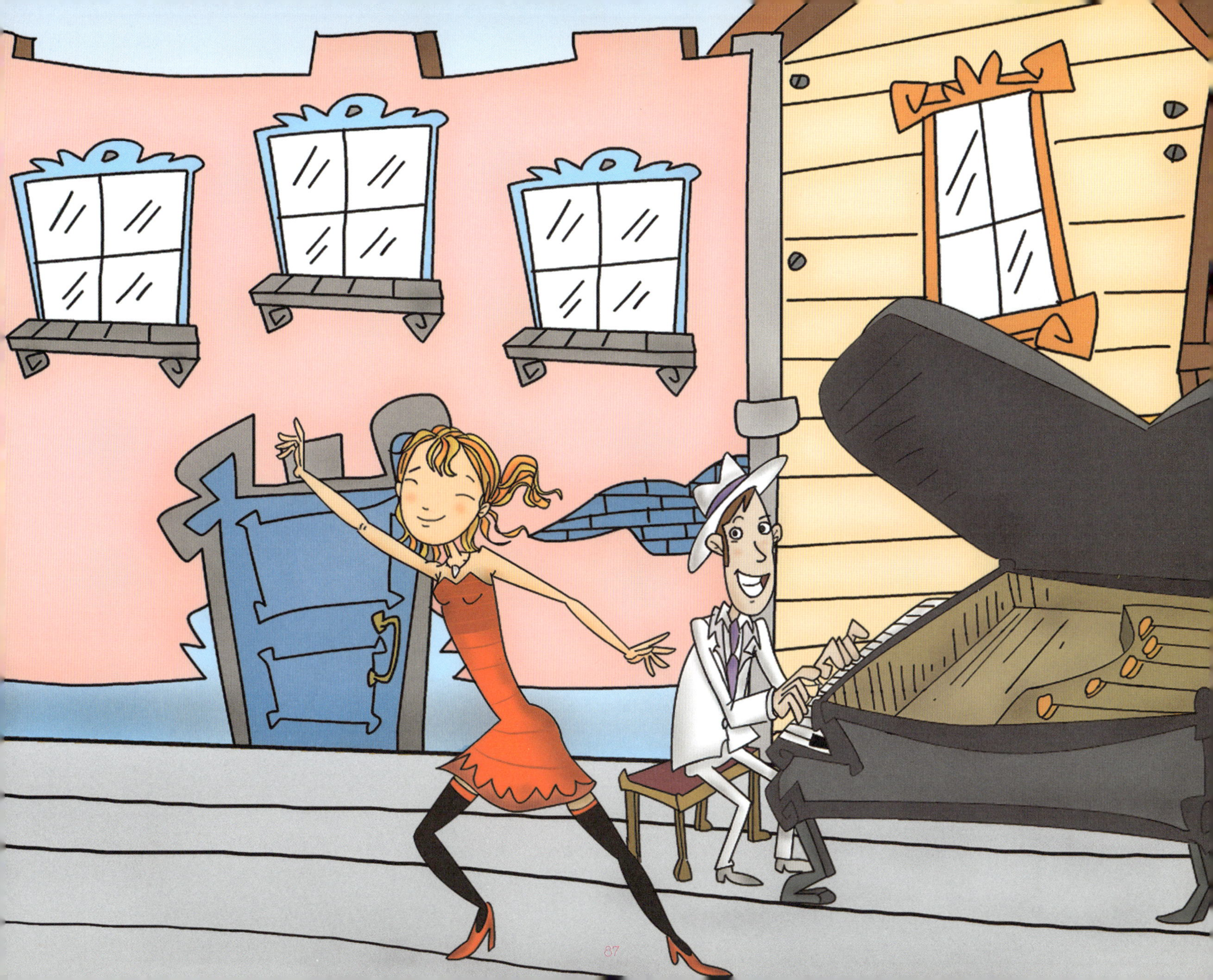

El tango es un baile de pareja que nació en Argentina a finales del siglo antepasado.

La música del tango se puede tocar en violín, bandoneón, clarinete, acordeón, contrabajo, guitarra, piano y flauta.

Al ritmo del tango los niños conquistaban a las niñas.

Los hombres ensayaban este baile entre ellos para hacerlo bien cuando invitaran a las niñas.

La pinta

Pelo recogido atrás para mirar a tu pareja a los ojos.

Vestido ceñido al cuerpo con falda a media pierna y abertura amplia para facilitar los movimientos.

Medias de malla o veladas.

Zapatos de tacón alto cerrados o con trabillas.

Sombrero de copa alta y cinta ancha. Accesorio obligatorio para el hombre, se pone y quita durante el baile.

Traje clásico de pantalón y chaqueta con camisa blanca o de color, abierta.

Tirantas para mantener el pantalón a raya.

Corbata, lazo o corbatín.

Zapatos de vestir con suela de cuero, para que sea fácil deslizarse.

El asadito...

Mientras las delicias del asado se van haciendo lentamente, los "gauchos" invitados prueban su habilidad para enlazar o jugar al sombrero.

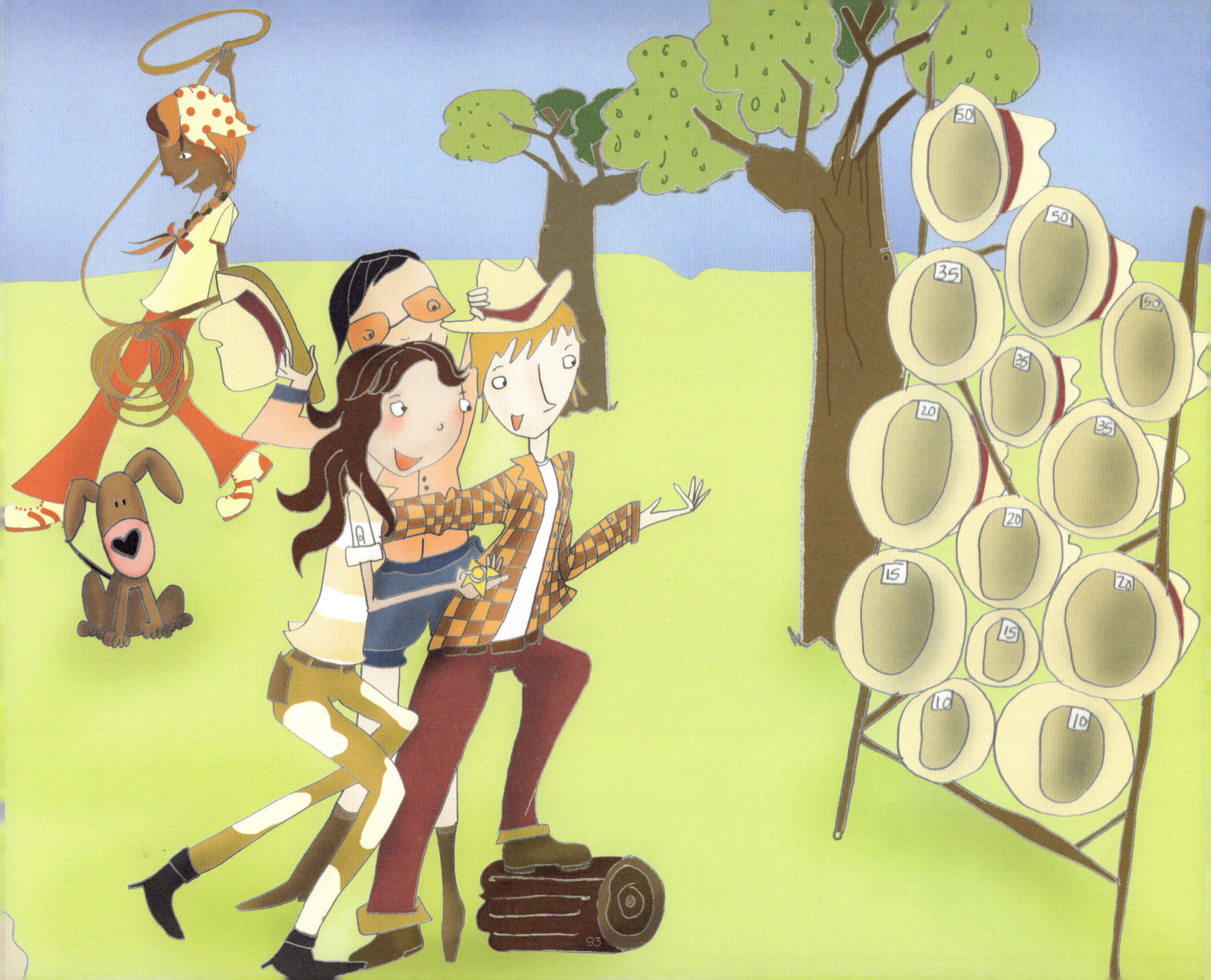
50
50
35
50
35
20
35
20
15
15
20
10
10

Pañoletas

NECESITAS

Tela estampada o de color plano si quieres decorarla

Pinturas para tela

Pincel

Aguja e hilo o máquina de coser

1. Corta un cuadrado de tela de unos 45 cm de lado.

2. Si la vas a decorar, protege una superficie plana con plástico o papel y pinta la tela, por una de las caras, con dibujos o manchas de colores. Extiende y deja secar.

3. Para evitar que se te deshilache, dobladilla los bordes con hilo y aguja o a máquina. Para ello dobla un pedacito del borde hacia el revés y cose en línea recta.

Dobla la pañoleta en triángulo y lúcela en el cuello o haz una tira larga y póntela en la cabeza como diadema.

Farolitos

NECESITAS

Tiras de cartulina de 62 cm x 20 cm
Lápiz, bisturí y tijeras
Superficie de vidrio
Papel celofán de colores
Pegante
Velitas en vasos de vidrio

Ojo: nunca descuides las velitas encendidas. Sin querer, podrías ocasionar un incendio.

1. Dobla la tira de cartulina en 4 partes de 15 cm, dejando una pestaña de 2 cm en uno de los extremos para cerrar el farol. Dibuja las figuras que quieras sobre los lados y recórtalas con el bisturí sobre el vidrio. Ahora recorta el celofán en un tamaño algo mayor que las figuras, fíjalo con pegante a su alrededor y deja secar.

2. Cierra el farol, pegando la pestaña. El celofán debe quedar por dentro. Vistas desde fuera, las figuras semejarán pequeños vitrales.

3. Con mucho cuidado coloca el farol sobre la vela. Úsalo como adorno en la mesa u otro rincón de la casa.

Un paso antes

¡Bailar tango es toda una experiencia! ¿Estás preparada para ello? Estos ejercicios te lo dirán.

1. De pie, erguida y con los pies separados, gira la cabeza con suavidad hacia la derecha, lo más que puedas, sin forzarla. Cuenta hasta 10 y vuelve al centro. Repite lo mismo hacia el lado izquierdo. ¿Cómo te sientes?

- Me incomoda el movimiento.
- No puedo girar mucho.
- Bien, relajada y tranquila.

2. Lleva las manos a los hombros, manteniendo los codos pegados al torso, lo más que puedas. Sin subir los hombros, lleva ahora los codos hacia adelante y haz un círculo completo hacia afuera. ¿Qué sientes?

- Me molesta un poco la espalda.
- Tensión en los brazos y la espalda.
- No puedo hacerlo ¡Me duele!

3. Mueve tus caderas hacia la derecha, tratando de equilibrar el peso sobre ambos pies. Haz lo mismo hacia la izquierda, manteniendo el tronco quieto. ¿Puedes hacerlo?

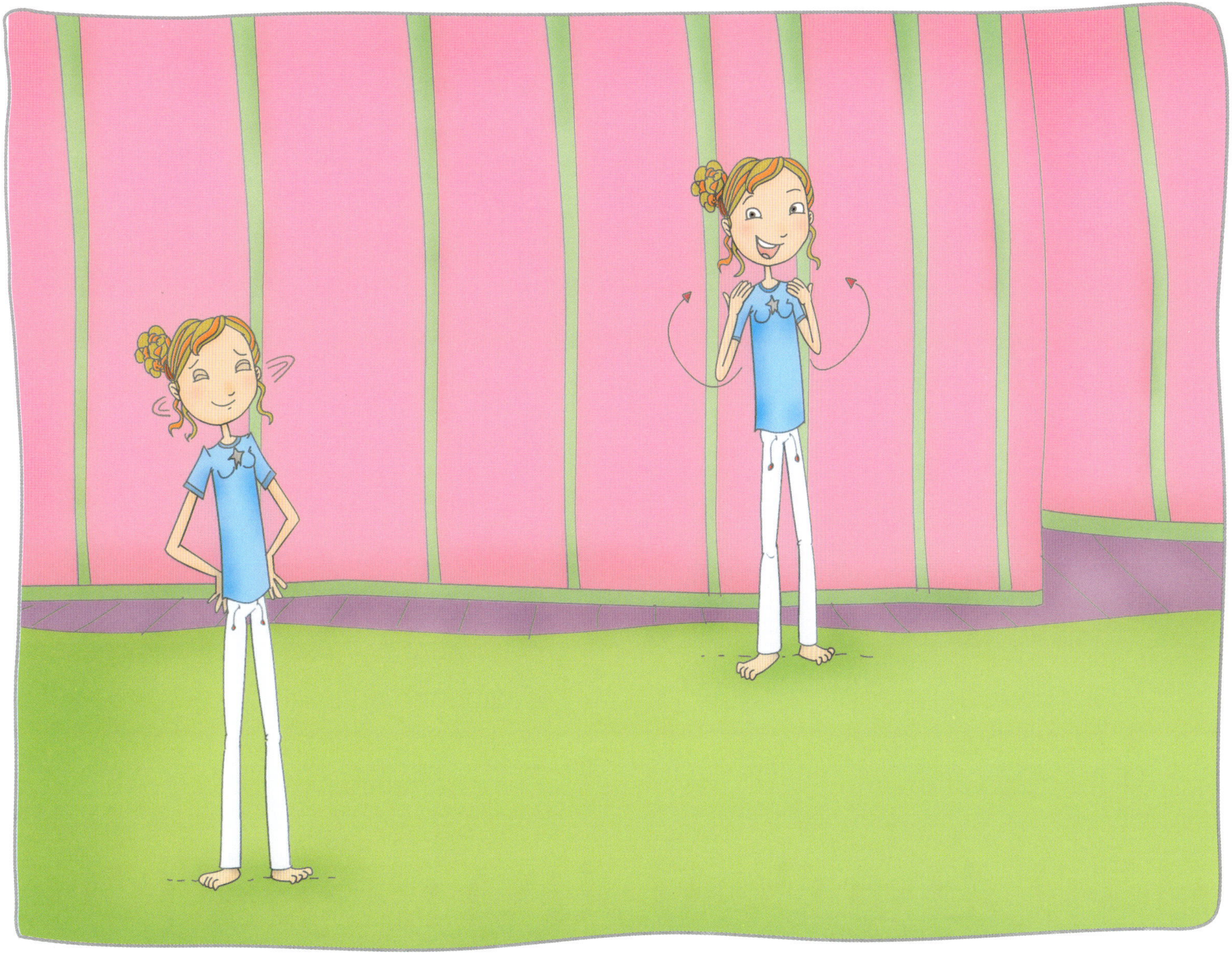

- 🐢 Sí, puedo hacerlo sin problema.
- ⏰ No, no puedo.
- ⏱ Con un poco de dificultad.

🌹 Ahora, veamos que tal está tu equilibrio. Continúa de pie, con las piernas ligeramente abiertas, los brazos extendidos y las palmas hacia arriba. Apoya la planta de un pie sobre el interior de la pierna contraria, lo más arriba que puedas, como haciendo un "4". Dobla un poco la rodilla de la pierna que está en el suelo y sostén la postura ¿Puedes hacerlo?

- 🐢 Sí, puedo fácilmente.
- ⏰ Me tambaleo mucho.
- ⏱ Me caigo ahí mismo.

Si respondiste 🐢 a la mayoría de preguntas, no tienes tensión en tu cuerpo y estás bien preparada para enfrentar los desafiantes movimientos del tango. ¡Felicitaciones!

Si respondiste ⏰ a la mayoría de preguntas, significa que es posible que necesites algo más de práctica y dedicación en aquellos en los que sentiste alguna incomodidad.

Si respondiste ⏱ a la mayoría de preguntas, debes poner mucho más empeño en los ejercicios. Esto es fundamental para que puedas bailar cómodamente, sin lesionarte.

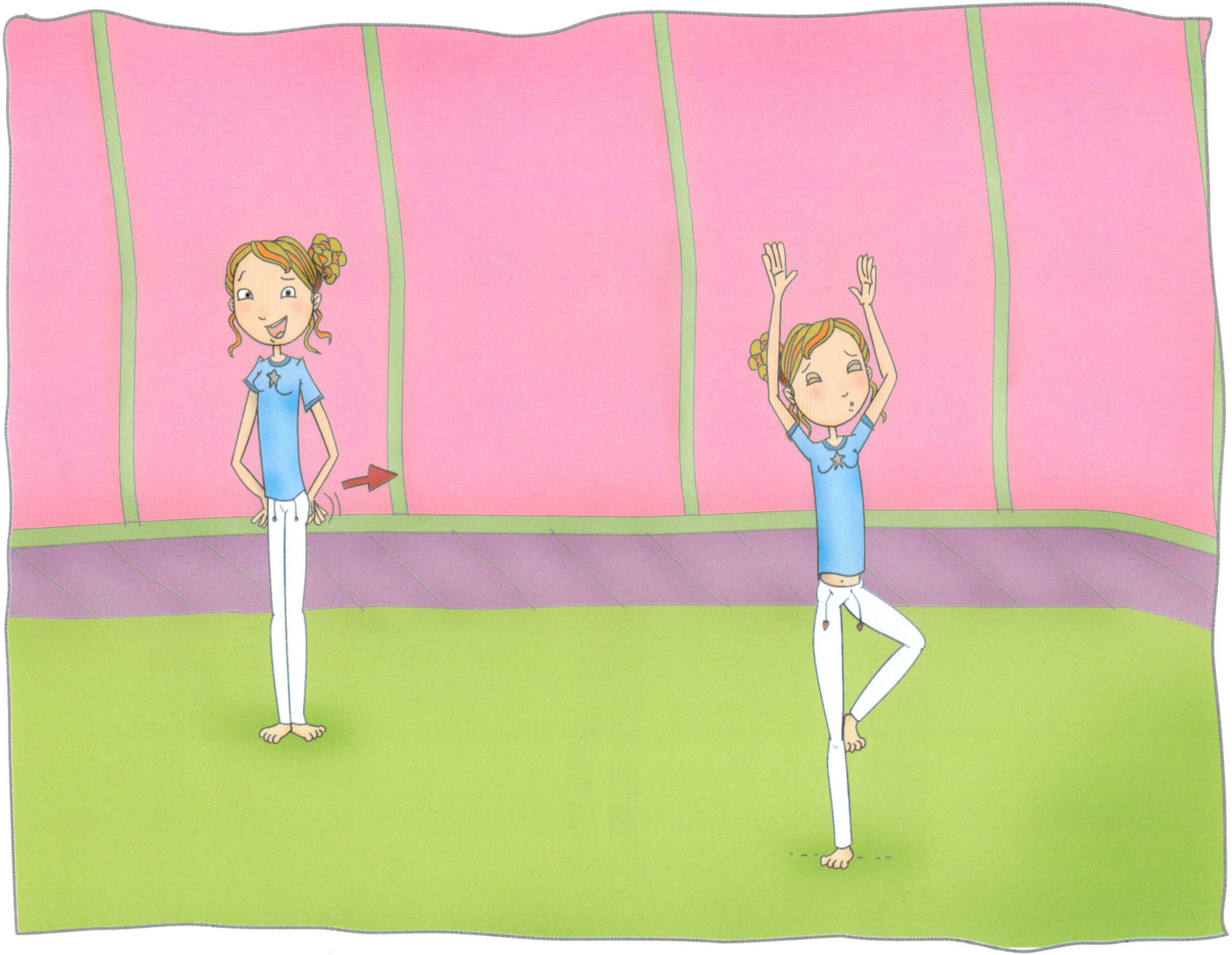

Básico para niñas

🌹 Inicia en la posición cero: de pie, con las piernas juntas.

🌹 Da un paso adelante con el pie izquierdo. Junta luego el derecho, apoyado ligeramente en la punta.

🌹 Da un paso a la derecha con el pie derecho. Junta luego el izquierdo, apoyado ligeramente en la punta.

🌺 Da un paso hacia atrás con el pie izquierdo.

🌺 Lleva ahora el pie derecho hacia atrás, de manera que quede detrás del izquierdo.

Continúa en la página siguiente ➡

🌹 Cruza la pierna izquierda sobre la derecha.   🌹 Da un paso atrás con el pie derecho.

🌺 Junta los pies y da un paso atrás con el pie izquierdo, que se apoya ligeramente en la punta.

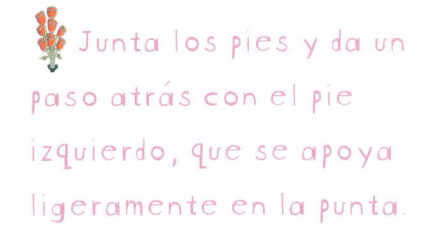

🌺 Ahora da un paso a la izquierda y luego junta el derecho, que se apoya ligeramente en la punta.

📚 El hombre da los mismos pasos, pero en espejo. Cuando la niña lleva su pie derecho detrás del izquierdo, el hombre junta sus pies.

Básico retro

🌹 Inicia en la posición cero: de pie, con las piernas juntas.

🌹 Lleva el pie derecho hacia atrás, hasta que quede detrás del izquierdo. Ahora junta el pie izquierdo que se apoya ligeramente en la punta.

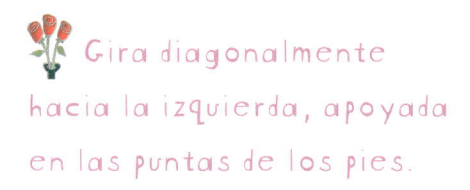

🌹 Gira diagonalmente hacia la izquierda, apoyada en las puntas de los pies.

🌹 Repite en sentido opuesto. Lleva el pie izquierdo hacia atrás, hasta que quede detrás del derecho. Ahora junta el pie derecho que se apoya ligeramente en la punta.

🌹 Gira diagonalmente hacia la derecha, apoyada en las puntas de los pies. Repite toda la secuencia de nuevo.

Básico adelante

🌹 Inicia en la posición cero: de pie, con las piernas juntas.

🌹 Mueve el pie izquierdo diagonalmente sobre el derecho. Luego junta el pie derecho con el izquierdo, apoyándolo ligeramente en la punta.

🌹 Gira diagonalmente hacia la izquierda, apoyada en las puntas de los pies.

🌹 Repite a la inversa. Mueve el pie derecho diagonalmente sobre el izquierdo. Luego junta el pie izquierdo con el derecho, apoyándolo ligeramente en la punta.

🌹 Gira diagonalmente hacia la derecha, apoyada en las puntas de los pies. Repite toda la secuencia de nuevo.

El lápiz

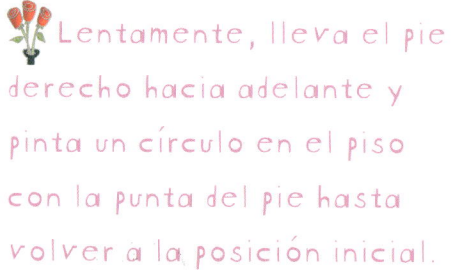

🌹 Inicia en la posición cero: de pie, con las piernas juntas.

🌹 Levanta el pie derecho, apoyándolo en la punta.

🌹 Lentamente, lleva el pie derecho hacia adelante y pinta un círculo en el piso con la punta del pie hasta volver a la posición inicial.

Mientras la niña hace "El lápiz", con cualquier pie, el parejo debe estar quieto con las piernas juntas, apoyando la punta del pie de la pierna opuesta a la que tu estás moviendo.

El otro

🌹 Inicia en la posición cero: de pie, con las piernas juntas.

🌹 Apoya el pie derecho en la punta.

🌹 Desliza la pierna derecha hacia el lado.

🌹 Trae la pierna de nuevo al centro.

🌷 Puedes hacerlo en cualquier dirección, hacia adelante o hacia atrás, tantas veces como quieras, combinándolo con otros movimientos.

Un paso después

1. Regresa en el tiempo e intenta bailar al revés, es decir, haciendo los pasos del último al primero. Verás que es como devolver una película en cámara lenta.

2. La idea es hacer los movimientos completos, sin saltarse nada. Además de gracioso, este ejercicio estimula tu capacidad de invertir las secuencias.

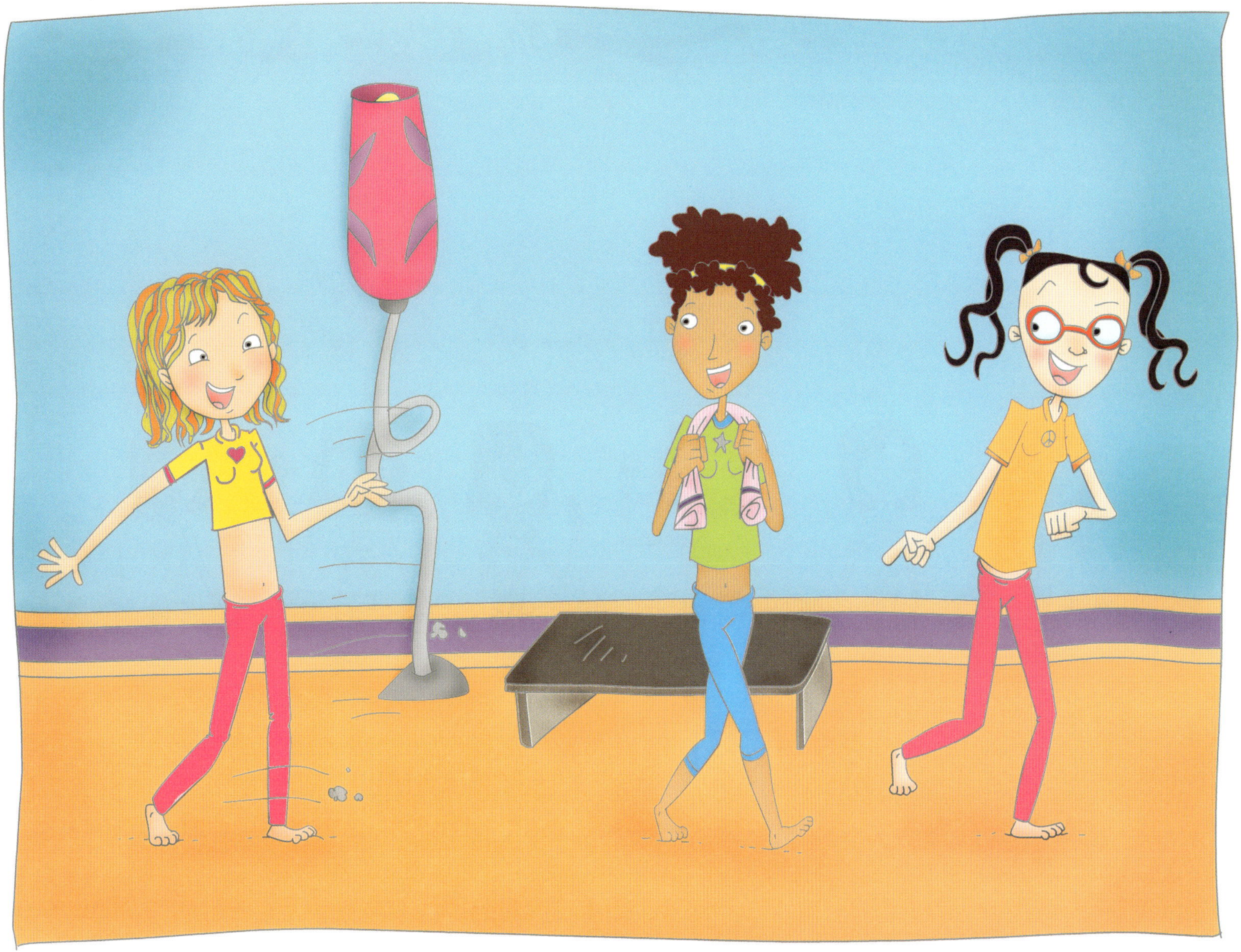

Coreografía de Emma

El lápiz	El otro	Básico para niñas	El otro	Básico para niñas	El lápiz
3 veces	4 veces	1 vez	2 veces	1 vez	2 veces

Básico retro	Básico adelante	El otro	El otro	El otro	El lápiz	Básico para niñas
6 veces	6 veces	2 veces a la derecha	2 veces al frente	2 veces atrás	2 veces	1 vez

DANZA ÁRABE

117

Nuestro tema de hoy es el *raqs sharqi*, más conocido como danza árabe.

Aunque hoy es súper popular en El Líbano y Egipto, esta danza nació en la antigua Babilonia e Iraq.

Tradicionalmente, los hombres y las mujeres no se juntaban para bailar esta danza con la que se celebraban ocasiones especiales al lado de familiares y amistades cercanas.

Pero, ojo, la indumentaria es fundamental.

Al compás de tambores, címbalos, crótalos y panderetas, el cuerpo se mueve libre y espontáneamente, con emoción y sentimiento.

La pinta

Los adornos, como pulseras, tobilleras, collares, aretes, diademas y anillos, le agregan brillo a la vestimenta.

Un cinturón sonoro, con varios cascabeles y pedrería, destaca el movimiento de las caderas.

El baile se realiza descalza o con zapatillas de ballet para no maltratar los pies.

Siempre de seda en vivos colores, para hacerte sentir especial y feliz, el traje puede ser enterizo largo o de dos piezas.

El velo sobre la cara le agrega un toque de misterio.

Las coloridas pañoletas de cadera, en seda o terciopelo, no son transparentes para preservar la modestia.

Entre Sherezadas

Pasa una velada de cuento, como en *Las mil y una noches*, jugando con las arenas del desierto y las vendas de las momias, al tiempo que te deleitas con los platillos del sultán.

Caderines sonoros

NECESITAS

Una pañoleta o una cinta gruesa del color que prefieras
Monedas de bisutería o tapas de gaseosa
Hilo de un color que salga con la pañoleta

1. Decide si quieres hacer tu caderín a partir de una cinta o de una pañoleta y si vas a decorarlo con monedas o tapas.

2. Si vas a usar tapas de gaseosa, pídele a un adulto que te ayude a aplanarlas con un martillo y a hacerles una pequeña perforación con una puntilla para pasar el hilo y pegarlas a la pañoleta. En caso de las monedas, estas ya vienen perforadas.

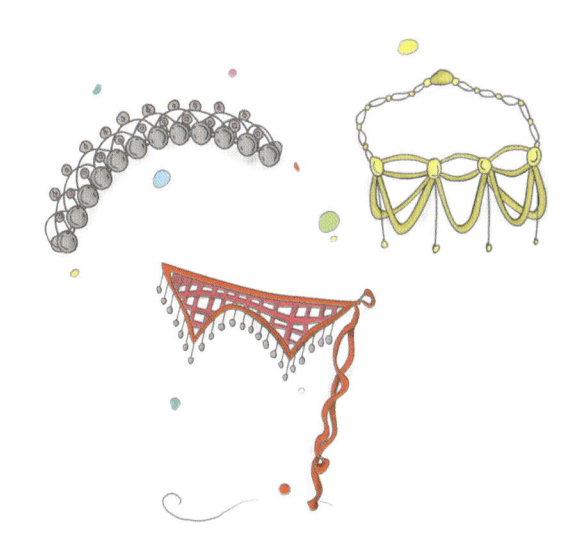

3. Cose las monedas o tapas a los bordes de la pañoleta. Si quieres, puedes encadenar varias para que tengan mayor sonoridad. Para que tu cinturón sea más llamativo, puedes añadirle adornos como canutillos, lentejuelas o pedrería.

Maquillaje

Un elemento fundamental de la danza árabe es el maquillaje que, generalmente, le da prioridad a los ojos con el fin de obtener un efecto dramático. Para lograrlo sigue estos pasos:

1. Aplica primero una capa fina de sombra plateada sobre ambos párpados.

2. Con una sombra más oscura y un aplicador fino, delinea el contorno del ojo, justo donde nacen las pestañas, para que los ojos se vean más grandes.

3. Aplica en el párpado una sombra que vaya con tu atuendo y tu tono de piel. Difumínala hacia arriba, de manera que quede suave, pero se note.

4. Con un lápiz de ojos negro o un delineador de pincel fino, marca de nuevo el contorno de los ojos, prolongando la línea un poco hacia afuera y teniendo el cuidado de que no quede muy gruesa. La idea es hacer que tu mirada tenga un toque dramático, sin que sea demasiado exagerado y llegue a verse de mal gusto.

Aplícate este maquillaje en compañía de un adulto y, en lo posible, elige productos que sean antialérgicos.

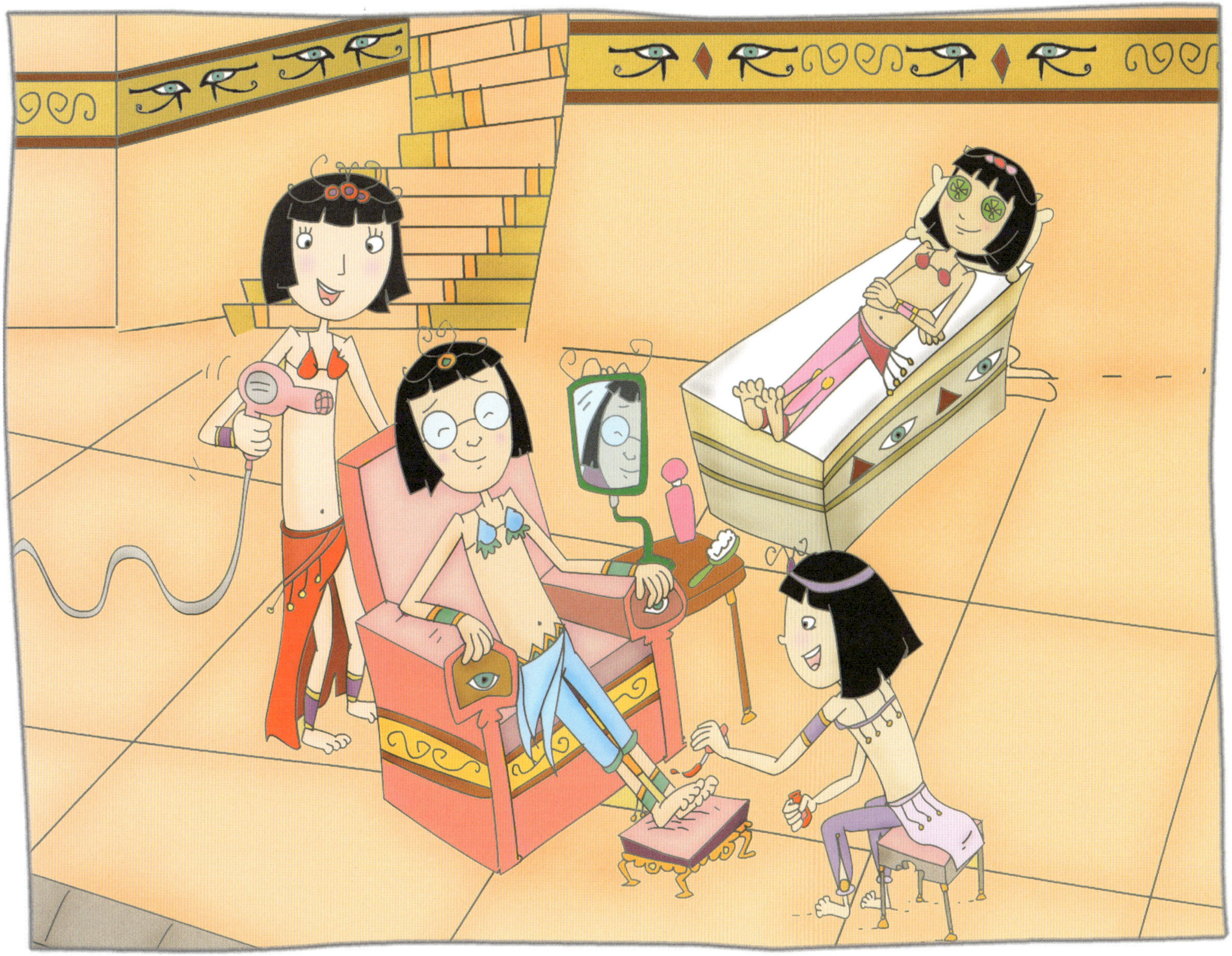

Un paso antes

Viste un atuendo cómodo, pon algo de música y averigua si estás lista para mover el vientre.

1. Marcha en el lugar al ritmo de la música escogida. Al cabo de 5 minutos, te sientes:

- ¿Dónde está el tanque de oxígeno?
- Súper y quieres seguir.
- Un poquito ahogada, pero bien.

2. Respira profundo. Lentamente, haz círculos con la cabeza 8 veces por lado. Te sientes:

- Algo rígida, pero no del todo mal.
- ¡Ouch!
- Suelta como un ganso.

3. Despacio rota los hombros, también 8 veces en cada dirección. Sientes:

- Los brazos fuertes y distensionados.
- Chirreas como el hombre de hojalata.
- Tiesa como un robot.

4. Rota las muñecas lentamente 8 veces en cada dirección. Te sientes:

- Con muñecas de caucho.
- Tensa como dirigiendo el tráfico.
- Ágil, pero con traqueteo.

Nunca tuerzas los hombros o las rodillas cuando gires los brazos o las piernas pues te puedes lastimar. Si llegas a sentir dolor, ¡PARA de inmediato!

5. Lentamente rota tus tobillos, 8 veces en cada dirección. Sientes:

- Como si te fueras a caer.
- Como si fueras a perforar un agujero.
- Como si tu pie estuviera diciendo "No".

6. Lentamente, pinta círculos con tus caderas, 8 veces en cada dirección. Sientes que:

- No puedes aislar las caderas del torso.
- Puedes competir en hula-hula.
- La movida te afecta el equilibrio.

Si respondiste 🐍 en la mayoría, ¿acabas de bajarte de un camello? ¡Estás más que lista para hacer la danza del vientre y sacudir las caderas!

Si respondiste 🗡 en la mayoría, necesitas algo de práctica pero tienes madera para ser una reina del desierto.

Si respondiste 🪲 en la mayoría, la práctica hace al maestro. Tal vez te haga falta ponerte en forma y soltar tu cuerpo para bailar con naturalidad.

PARANDO CAMELLOS

🌱 Inicia en la posición cero: de pie, con las piernas juntas.

🌱 Da un paso hacia adelante con el pie derecho, apoyando primero la punta y después el talón. Al mismo tiempo, pon tu mano izquierda en la cabeza, por encima de la oreja izquierda, mientras estiras el brazo derecho hacia el frente, a nivel del hombro.

2 Da un paso hacia adelante con el pie izquierdo, apoyando primero la punta y después el talón. Pon tu mano derecha en la cabeza, por encima de la oreja derecha, mientras estiras el brazo izquierdo hacia el frente, a nivel del hombro.

3 Alterna el paso todas las veces que quieras. Este paso te permite desplazarte.

En esta danza los dedos de las manos nunca se separan.

La danza árabe es disociada, es decir que los dos hemisferios del cerebro se estimulan de distinta forma al mismo tiempo.

ALEJANDO CAMELLOS

◗ Inicia en la posición cero: de pie, con las piernas juntas.

◗ Apoya la punta del pie derecho en el piso, con la mano derecha en la cabeza y la izquierda estirada al frente.

Da un paso hacia atrás con la pierna derecha, apoyando el talón y dejando que la pierna izquierda quede ahora en punta. La mano izquierda en la cabeza y la derecha estirada al frente.

Puedes hacer estos pasos cuantas veces quieras, combinando adelante y atrás.

La danza árabe es una danza muy terapéutica porque involucra el cuerpo, la mente y el espíritu.

ENREDADERA

1 Inicia en la posición cero: de pie, con las piernas juntas.

2 Desliza el pie derecho hacia la derecha, apoyando la punta con la pierna estirada. La otra pierna se mantiene extendida. Los brazos se abren a la altura de los hombros.

3 Desliza el pie derecho hacia adelante del izquierdo, apoyando tu peso en el pie derecho. Cuando avances, levanta los brazos, con las palmas de las manos enfrentadas.

Desliza el pie izquierdo hacia la izquierda, apoyando la punta con la pierna estirada. La otra pierna se mantiene extendida. Baja los brazos a la altura de los hombros.

Desliza el pie izquierdo hacia adelante del derecho, apoyando tu peso en el pie izquierdo. Cuando avances, levanta los brazos, con las palmas de las manos enfrentadas.

Puedes hacer el paso las veces que quieras, alternando los brazos arriba y abajo, sin bajar del nivel de los hombros.

También puedes devolverte, dando el paso en diagonal hacia atrás y cruzándolo hacia adelante.

PÉNDULO

🌿 Da dos golpes con la cadera hacia el lado derecho, apoyando todo el peso del cuerpo en la pierna derecha.

🌿 Abre las piernas en línea con las caderas y flexiona ligeramente las rodillas. Abre los brazos a los lados, con los codos flexionados, como formando una "V"; las manos sueltas y las palmas hacia abajo.

Repite el movimiento hacia el otro lado, dando dos golpes con la cadera hacia el lado izquierdo, apoyando todo el peso del cuerpo en la pierna izquierda.

Dependiendo del ritmo de la música, se puede hacer en golpes de 1, 2 o 3.

SHAKIRAS

🎵 **Inicia en la posición cero:** de pie, con las piernas juntas.

🎵 **Flexiona ligeramente la rodilla izquierda hacia adelante y vuélvela a estirar.**

2 Flexiona ligeramente la rodilla derecha hacia adelante y vuélvela a estirar.

3 Alterna las piernas rápidamente. La flexión debe ser leve y rápida, sin levantar los talones.

Este movimiento te da la sensación de una vibración, como si estuvieras temblando, pero sólo debe sentirse hasta las costillas.

PISANDO FUEGO

▸ Inicia en la posición cero: de pie, con las piernas juntas.

▸ Con los pies juntos, dibuja un círculo con la cadera. Empieza con tu peso sobre la pierna izquierda, pasándolo luego hacia adelante, hacia la derecha y hacia atrás. Mueve los brazos con libertad.

Se pueden hacer círculos hacia ambos lados o subiendo y bajando, es decir, flexionando un poco las rodillas y luego estirándolas. No saques la cola, ésta debe mantenerse en línea con la espalda.

ENVOLVIENDO LA MOMIA

🔹 Inicia en la posición cero: de pie, con las piernas juntas. Aprieta los glúteos para ayudar a mantener la cadera en su puesto.

🔹 Los brazos pueden mantenerse abiertos.

Teniendo la espalda recta, dibuja círculos con el pecho, hacia adelante, hacia la derecha, hacia atrás y hacia la izquierda, casi sin mover el torso.

Cuando ya puedas mover con facilidad el pecho, añade el movimiento libre de brazos, sin perder tu centro.

MEDITACIÓN EN MOVIMIENTO

🔹 Inicia en la posición cero: de pie, con las piernas juntas. Abre los brazos hacia los lados a la altura de los hombros. Flexiona los codos hacia abajo como formando una "V" amplia con cada brazo.

🔹 Mueve el hombro izquierdo hacia atrás, dibujando un círculo.

Mueve el hombro derecho hacia atrás, dibujando un círculo. Continúa, alternando el movimiento de los hombros, de lado a lado, de manera fluida.

No esperes a terminar un círculo para empezar otro. Mantén los brazos abiertos en "V", sin rigidez. El movimiento sale del hombro, no del codo, y debe verse como una onda.

Cuando quieras hacer este paso más de una vez, puedes intercalarle una flexión del torso hacia adelante. para agregarle un toque sorpresivo.

OCHO BÁSICO

◆ Inicia en la posición cero: de pie, con las piernas juntas y las piernas ligeramente flexionadas.

◆ Empieza por dibujar un semicírculo hacia adelante con la cadera derecha.

Ahora, dibuja un semicírculo hacia adelante con la cadera izquierda. Al unirlos habrás dibujado un ocho acostado. Los brazos van abiertos en "V" sin moverse. Cuando hayas practicado mucho, puedes empezar a mover los brazos libremente.

Los "ochos" pueden empezarse por la derecha o por la izquierda. También pueden hacerse comenzando por delante —"Ocho básico"— o por detrás —"Ocho invertido"—.

OCHO EGIPCIO

🍃 Inicia con los pies apenas separados, las rodillas ligeramente flexionadas y los brazos en "V".

🍃 Apoya tu peso sobre la pierna derecha.

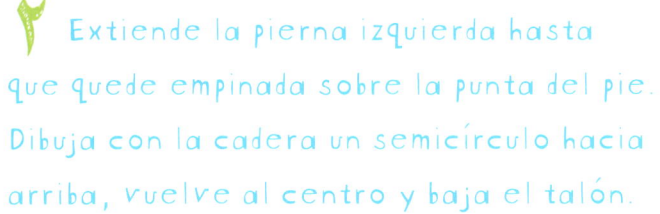

🌱 Extiende la pierna izquierda hasta que quede empinada sobre la punta del pie. Dibuja con la cadera un semicírculo hacia arriba, vuelve al centro y baja el talón.

🌱 Repite lo mismo con la otra pierna para completar el ocho. Mantén los brazos en "V".

Un paso después

El enfriamiento después de una sesión de baile es tan importante como el calentamiento antes porque devuelve el corazón al ritmo normal y ayuda a evitar dolores en los músculos después del ejercicio. Juega a ser Cleopatra, en cámara lenta, durante por lo menos 10 minutos.

1. Practica la respiración profunda, inhalando y exhalando lentamente por unos minutos. Sigue haciéndolo durante toda la rutina.

2. Repite la coreografía, esta vez muy despacio, como si estuvieras debajo del agua.

3. Relaja las caderas y el estómago, inclinando lentamente tu torso hacia un lado y sosteniendo la postura por 10 segundos. Hazlo luego hacia el otro lado por igual tiempo.

4. Para relajar la espalda, ponte de pie con las piernas ligeramente abiertas y estiradas, y dóblate por la cintura hacia adelante. Deja que la cabeza, el cuello, la espalda y los brazos cuelguen sin tensión. Mantén esta postura por 10 segundos. Junta luego los pies y endereza bien muy lentamente.

5. Relaja los hombros, rotándolos lentamente primero hacia atrás y luego hacia adelante. Hazlo por lo menos 8 veces.

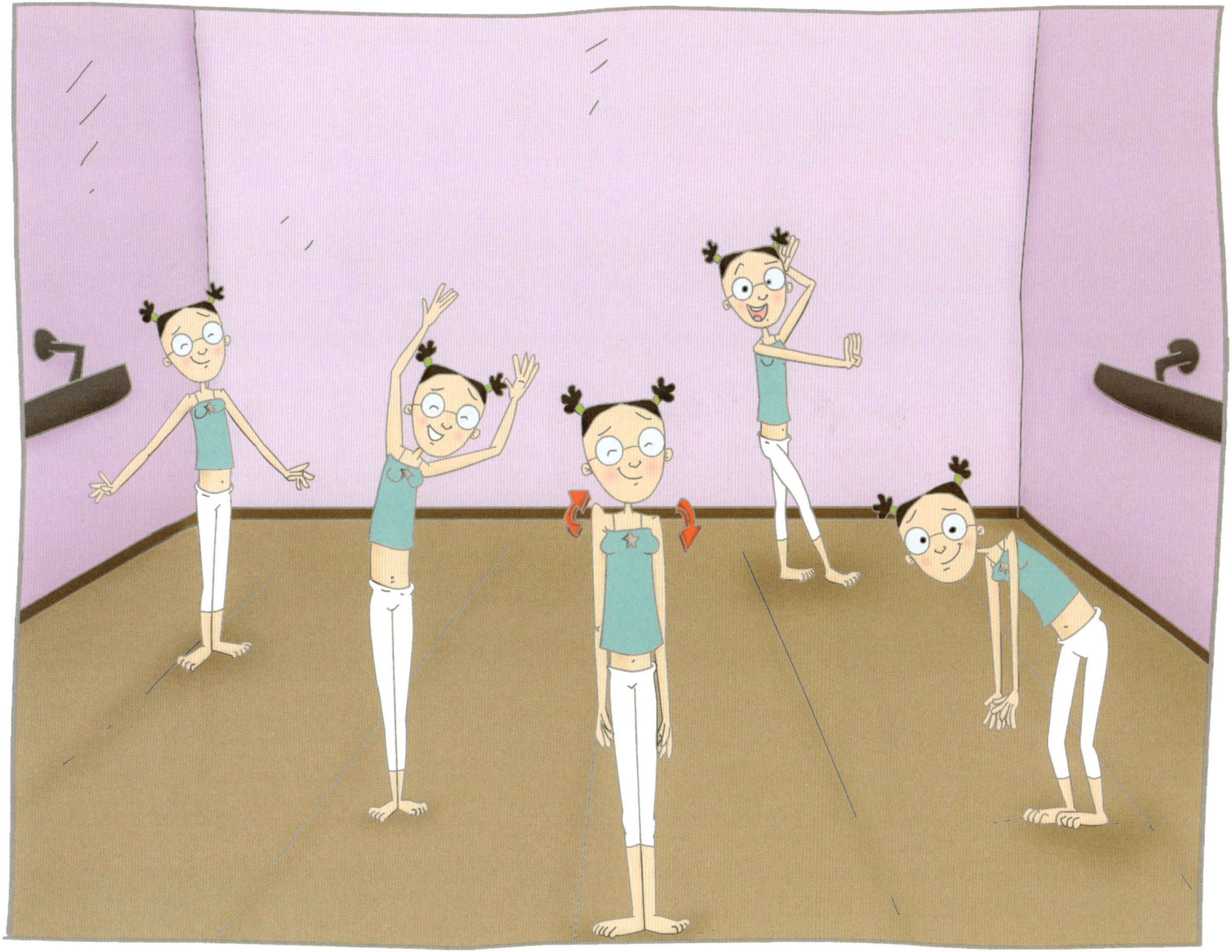

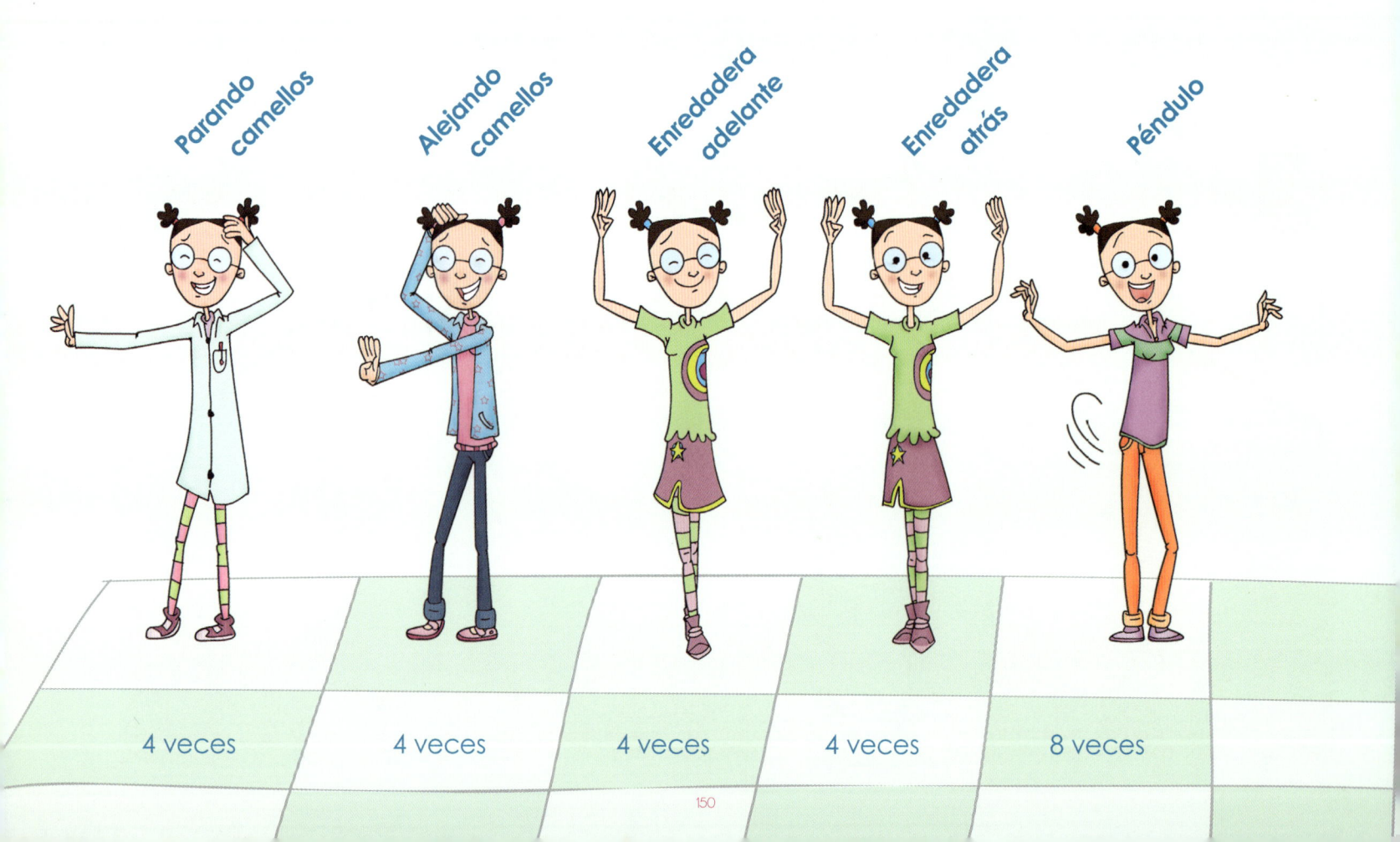

Coreografía de Fiona

Parando camellos	Alejando camellos	Enredadera adelante	Enredadera atrás	Péndulo
4 veces	4 veces	4 veces	4 veces	8 veces

Shakiras — Ocho egipcio — Meditación en movimiento — Shakiras — Ocho egipcio

| 4 tiempos | 4 veces | 2 veces con flexión de torso intercalada. | 4 tiempos | 4 veces |

Rumba flamenca

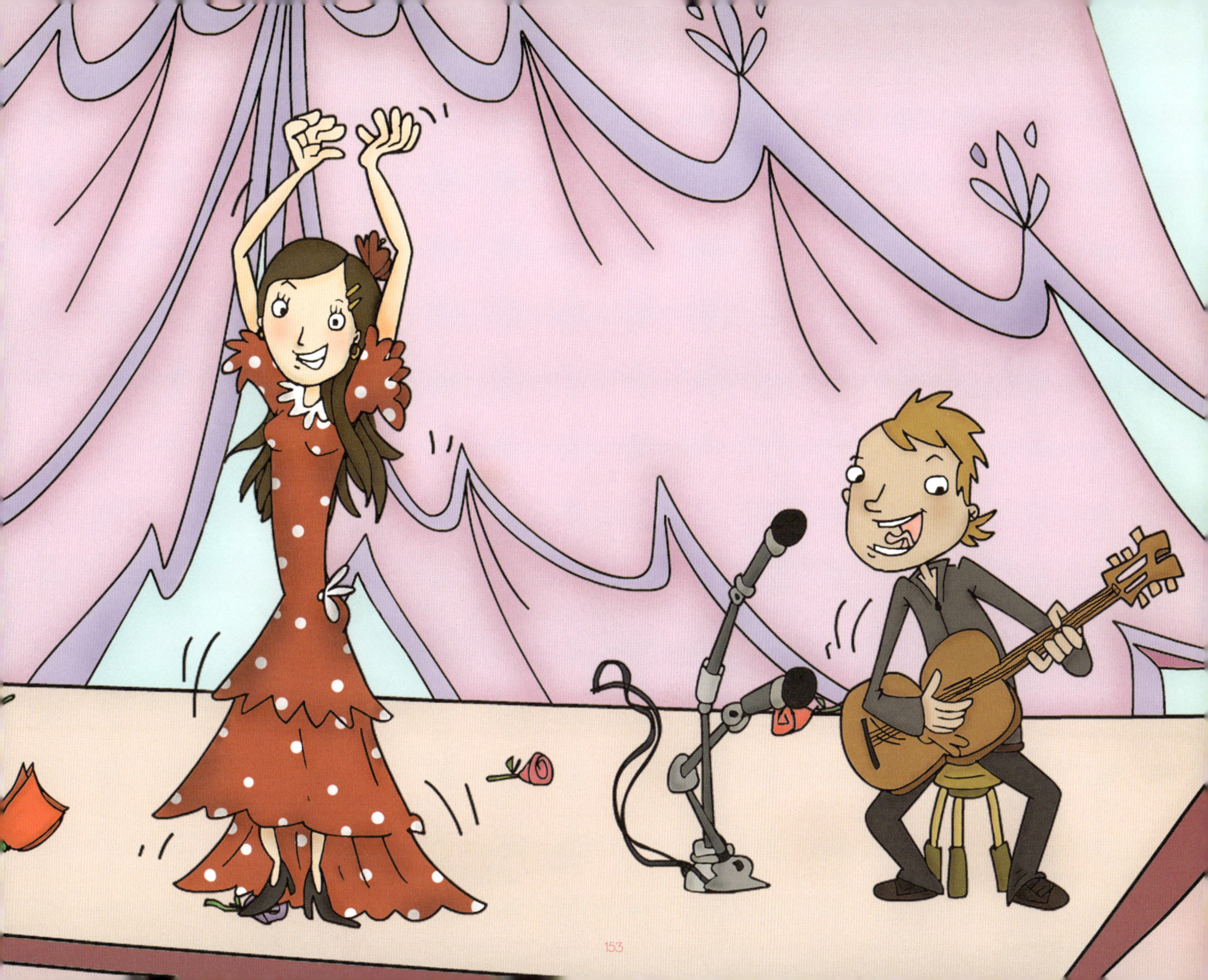

La influencia gitana y afrocubana es evidente en los trajes y los ritmos.

La rumba flamenca es una fusión de la rumba latina con el flamenco andaluz.

Aunque es un baile similar al flamenco, tiene mucho menos zapateo.

Este baile se acompaña, por lo general, con guitarra, clave y castañuelas.

La pinta

El pelo se adorna con peinecillos y flores. Los aretes consisten, casi siempre, en candongas vistosas.

La indumentaria se complementa con el clásico abanico.

El mantoncillo que cuelga de los hombros es de material liviano y lleva flecos de distinto largo.

Los zapatos, de tacón alto y grueso, casi siempre tienen trabillas.

Los trajes se ciñen al torso hasta la cadera.

Las telas pueden ser de lunares o de un solo tono y se adornan con encajes, cintas o bordados.

El largo varía según el modelo, pero siempre llegan como mínimo hasta el tobillo. No es raro que debajo se lleven enaguas almidonadas.

Las castañuelas son el complemento musical perfecto.

Labios voluptuosos

Como sucede con otros maquillajes, en la rumba flamenca también se destaca solo una parte del rostro. La mayoría de intérpretes escogen centrar la atención en sus labios. Para hacerlo sigue estos pasos:

1. Con un delineador de labios rojo oscuro, traza finamente el contorno de tu boca al filo del labio.

2. Enseguida pinta los labios con un pintalabios de color rojo fuerte o que vaya bien con tu atuendo.

3. Para que el color te dure más, presiona tus labios contra un pañuelo facial.

Mirada gitana

Si prefieres la atención centrada en los labios que en los ojos, maquíllalos de esta forma:

1. Con un delineador de ojos negro o gris oscuro, traza un línea gruesa por todo el contorno del ojo.

2. Para obtener un efecto ahumado, aplica luego una sombra gris o plateada, desde el párpado hacia la ceja, difuminándola hacia los lados.

No olvides poner algo de rubor en las mejillas y, si lo deseas, pintarte un lunar sobre el labio superior.

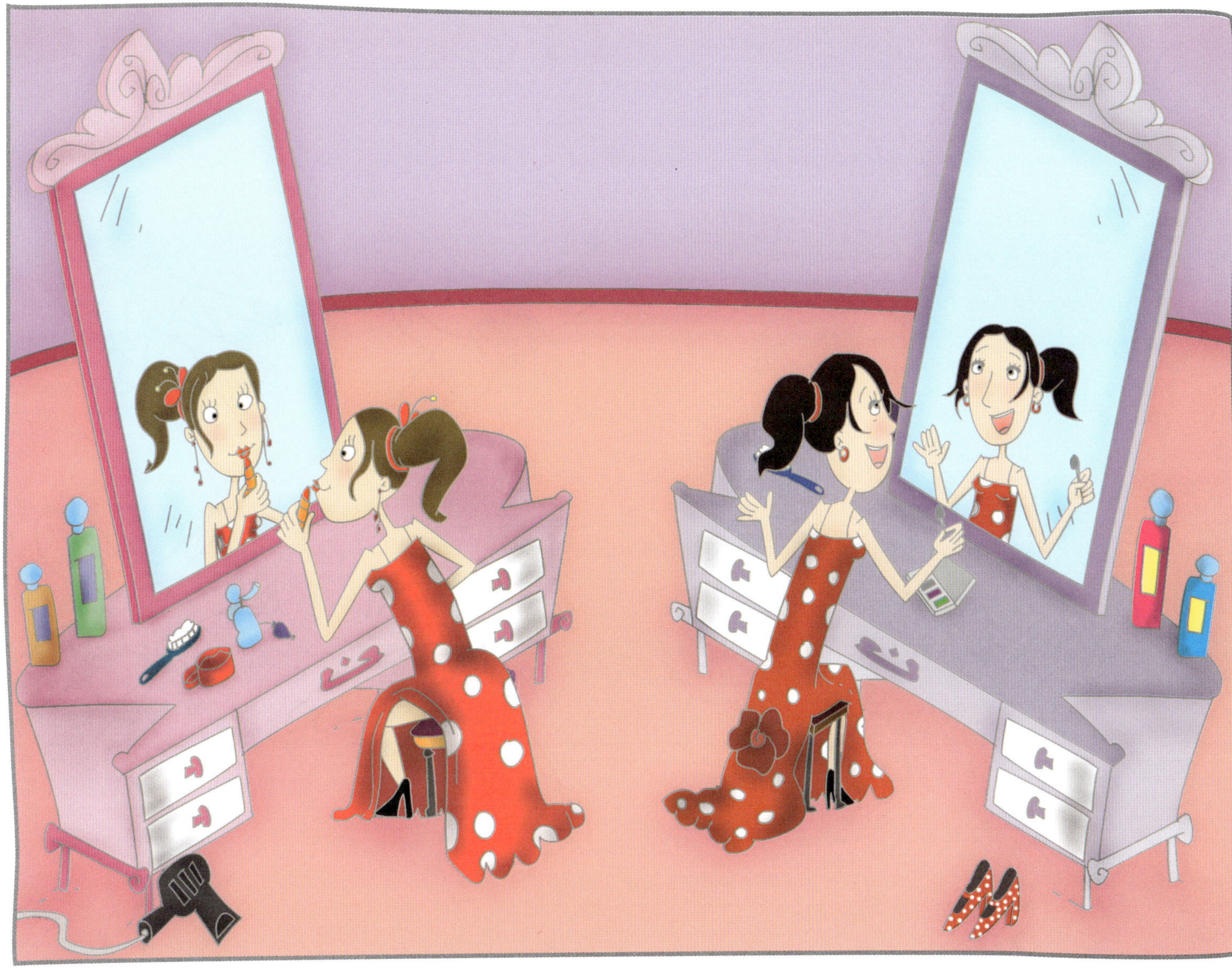

Manos que vuelan

El movimiento de las manos es parte fundamental de la rumba flamenca. Una buena bailarina se esmera en adornarse con sus manos. ¡Tenlo en cuenta cuando subas al tablado!

1. Los dedos deben mantenerse siempre juntos y ligeramente doblados.

2. El dedo corazón y el anular van siempre pegados y un poco por debajo de los otros.

3. Sin descuidar la posición de las manos, rota las muñecas hacia afuera o hacia adentro. Las manos giran siempre en dirección contraria una de la otra.

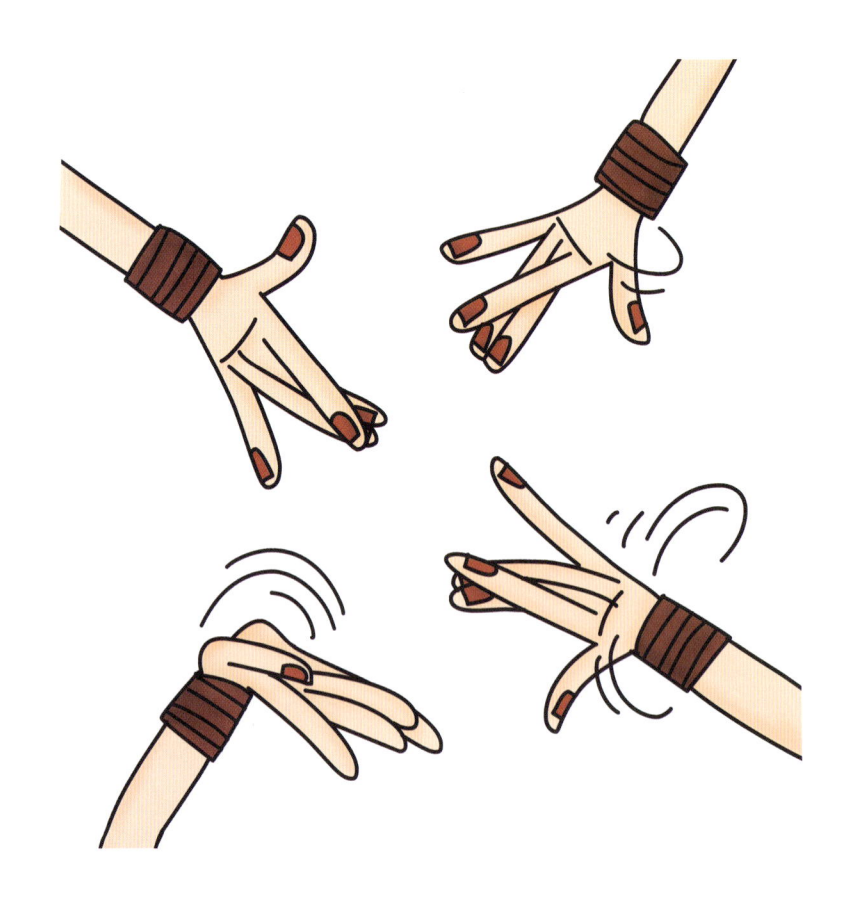

Botoñuelas

NECESITAS

2 botones grandes con reborde
Cinta aislante y tijeras
Elástico redondo que pase por los orificios del botón
Cintas para decorar (opcional)

1. Pon los botones, uno sobre otro, con el reborde hacia adentro y únelos en un extremo con un trozo de cinta aislante, como si fuera la concha de una ostra.

2. Corta 2 trozos de elástico de unos 10 cm. Pasa uno de ellos por uno de los agujeros de uno de los botones y devuélvelo por otro. Amárralo por fuera con doble nudo, al tamaño de tu dedo corazón. Repite lo mismo con el otro botón, ajustando el elástico al tamaño del dedo pulgar. Corta el exceso de elástico.

3. Desliza las puntas de los dedos por entre las argollitas elásticas que hiciste y haz sonar tu castañuela, golpeando rítmicamente los botones uno contra otro.

Fiesta gitana

¿Qué te reservará
el destino en el futuro?
Descubre la magia
de los naipes, el zodíaco,
las piedras y los cuarzos.
Penetra los secretos
de los globos del azar y
las bolas de cristal.
¡No te pierdas este misterioso
sarao de la fortuna!

Espirales en flor

NECESITAS

Cartulina del color que prefieras

Lápiz

Tijeras

Palitos de pinchos (opcional)

Silicona u otro pegante (opcional)

1. Dibuja una espiral sobre la cartulina. El ancho de la espiral determinará el tamaño de tu rosa.

2. Recorta la espiral y despréndela de la cartulina.

3. Enrolla ahora la espiral, de adentro hacia afuera. Sostenla cerrada por 1 minuto y luego suéltala. Se abrirá, formando una especie de rosa.

Decora tu espacio de baile con estas flores, ya sea regadas en el piso o pegadas a palitos en lindos floreros.

Un paso antes

Tus articulaciones son importantes al bailar rumba flamenca. Responde las siguientes preguntas y haz los ejercicios indicados antes de empezar a bailar. Así sabrás si estás lista para hacerlo como toda una "bailaora".

1. Estira tus brazos hacia adelante y gira tus muñecas en sentido de las manecillas del reloj por un minuto. ¿Qué sucede?

- Me cuesta un poco hacerlo.
- Giran normalmente.
- No logro hacerlos girar.

2. Acostada sobre un tapete o colchoneta, eleva tus piernas y dobla las rodillas en un ángulo de 90 grados. Imagina que vas en bicicleta y mueve las piernas como pedaleando. Hazlo por 3 minutos. Tus piernas:

- Se sienten algo tensas, pero bien.
- Tiemblan un poco.
- Solo aguantan unos segundos arriba.

3. De pie, usando una silla o la pared como apoyo, dobla la rodilla derecha hacia atrás, toma el tobillo y lleva el talón hasta las nalgas. Quédate en esa posición 15 segundos y repite con la otra pierna. ¿Qué sentiste?

- 🍁 No pude tocar la nalga con el talón.
- 🌹 Algo de tensión.
- 🌺 Tensión y dolor.

4. Extiende el brazo derecho al frente. Toma los dedos de la mano derecha con la mano izquierda y estíralos hacia atrás por 10 segundos. Repite con el otro brazo. ¿Qué sucede?

- 🌺 Se estira sin molestia.
- 🌹 No siento nada raro.
- 🍁 Un jalonazo incómodo dentro del brazo.

Si respondiste 🌹 en la mayoría, estás en plena forma y lista para ser toda una "bailaora".

Si respondiste 🌺 en la mayoría, puede ser que necesites un poco más de calentamiento y que debas ponerle más atención a la manera en que haces los movimientos.

Si respondiste 🍁 en la mayoría, necesitas orientación a la hora de hacer tus ejercicios y una sesión más larga de calentamiento antes de poder empezar a bailar como se debe. ¡Ánimo!

Marcha y brazos

🪙 Inicia en la posición cero: de pie, con las piernas juntas y los brazos doblados.

🪙 Empieza a marchar en el puesto.

🪙 Al mismo tiempo, sube los brazos, girando las muñecas, hasta contar 4 y bájalos de nuevo en 4 tiempos, sin dejar de girar las muñecas.

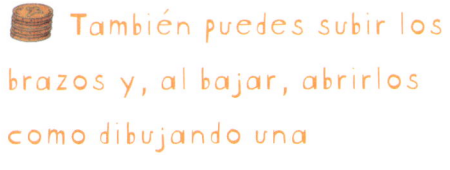

🍪 También puedes subir los brazos y, al bajar, abrirlos como dibujando una media luna.

🍪 Otra opción es subir y bajar los brazos, abriéndolos al subir y cerrándolos al bajar.

✏️ Los brazos se mueven un poco más despacio que los pies. Las muñecas rotan lentamente y no alcanzan a hacer un giro en un solo tiempo.

Punteo simple

🌹 🌹 🌹 🌹 🌹 🌹

🪙 Inicia en la posición cero: de pie, con las piernas juntas.

🪙 Estira tu pie derecho hacia adelante, tanto como puedas, y toca el piso con la punta. Luego lleva tu pie derecho un paso hacia atrás hasta que toque el piso solo con la punta. Sin detenerte, mueve la pierna hacia adelante y hacia atrás de manera continua, manteniendo la punta del pie hacia abajo.

🥞 Este paso también puede hacerse con la otra pierna y la punta del pie o todo el pie asentado sobre el piso.

♥ Si haces este paso con el pie asentado sobre el piso, tendrás que doblar un poco la rodilla de la otra pierna.

♥ Mientras mueves la pierna, alterna los brazos adelante y atrás, con los codos hacia afuera y sacando pecho.

♥ Para hacer un "Punteo simple" con giro, sencillamente remata este paso haciendo un giro hacia el lado opuesto a la pierna con que hiciste el punteo.

Pasos al lado

🪙 Inicia en la posición cero: de pie, con las piernas juntas.

🪙 Mueve tu pie derecho hacia el lado y descarga tu peso sobre este pie. Tu brazo derecho irá al frente doblado, el otro irá un poco extendido hacia atrás.

🪙 Vuelve a la posición inicial y repite hacia el otro lado.

🐂 En este paso la cabeza gira en la misma dirección del brazo que se levanta, como mirando el talón.

¡Desafío a la flamenca!

🪙 Mueve tu pierna derecha hacia el frente.

🪙 Ahora tráela de nuevo al centro.

🪙 Mueve tu pierna derecha al lado.

🪙 Ahora tráela de nuevo al centro.

🪙 Lleva tu pierna derecha detrás de ti.

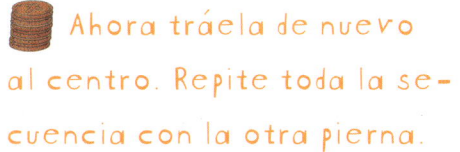

🪙 Ahora tráela de nuevo al centro. Repite toda la secuencia con la otra pierna.

🌼 Trata de alternar los dos pasos que acabas de aprender, con una y otra pierna.

Más allá del desafío

🪙 Alterna tu pierna izquierda con la derecha. Una solo se moverá verticalmente, mientras la otra solo lo hará horizontalmente.

🪙 Mueve tu pierna derecha hacia el frente.

🪙 Ahora tráela de nuevo al centro.

🪙 Mueve tu pierna izquierda al lado.

🪙 Ahora tráela de nuevo al centro.

🪙 Lleva tu pierna derecha detrás de ti y tráela de nuevo al centro.

Giros cruzados

🪙 Inicia en la posición cero: de pie, con las piernas juntas.

🪙 Cruza tu pie derecho por encima del izquierdo y apóyalo sobre la punta, mientras subes el brazo izquierdo y el derecho se queda abajo.

🪙 Haz medio giro hacia la izquierda sobre la punta de los pies. Cuando estés mirando al lado opuesto, sube el otro brazo.

🪙 Sigue girando, mientras bajas el brazo izquierdo, hasta quedar mirando alfrente con la pierna izquierda cruzada sobre la derecha.

🪙 Descruza las piernas.

👑 Puedes ensayar primero el paso solo con las piernas. Cuando lo domines, incorpora los movimientos de brazos.

Caderas de rumba

🪙 Inicia en la posición cero: de pie, con las piernas juntas. Dobla ligeramente las rodillas y dibuja círculos con la cadera.

🪙 Sin dejar de mover la cadera, gira el cuerpo hacia la izquierda y da la vuelta en 4 tiempos, apoyando el pie derecho al frente, al lado, atrás y al otro lado, hasta volver al punto de partida.

🪙 **También puedes hacer este paso en la otra dirección.**

✂️ Brazos para el giro de cadera: sacando pecho, dobla los brazos en un ángulo amplio al lado del torso, de manera que las manos estén cerca de las caderas y las muñecas roten todo el tiempo. También puedes subir y bajar los brazos en 4 tiempos.

Arcos sostenidos

🪙 Inicia con los pies ligeramente separados.

🪙 Arquea el torso y echa tu cabeza hacia atrás lo más que puedas en **4** tiempos, tensionando el abdomen para sostener la posición. No tensiones el cuello.

🪙 **Manteniendo la tensión en el abdomen, sube el torso y la cabeza en 4 tiempos.**

🌼 Este movimiento debe sentirse en el abdomen, jamás en la nuca o la cabeza.

🌷 Tus brazos están doblados al frente. Las muñecas rotan todo el tiempo.

Paso de cruz

🪙 Inicia en la posición cero: de pie, con las piernas juntas. Saca tu pie derecho al lado, sube los brazos y rota las muñecas.

🪙 Cruza tu pie derecho sobre el izquierdo, avanzando un paso hacia adelante, baja los brazos y rota las muñecas.

🪙 **Saca tu pie izquierdo hacia el lado, sube los brazos y rota las muñecas.**

🪙 **Cruza tu pie izquierdo sobre el derecho, avanzando un paso hacia adelante. Baja los brazos y rota las muñecas.**

👄 Para retroceder, este paso puede hacerse sacando la pierna al lado y dando los pasos hacia atrás. Los brazos se mueven de igual forma.

Sin embargo, recuerda que las reglas de la danza no están escritas en piedra y siempre puedes hacer tus propias variaciones.

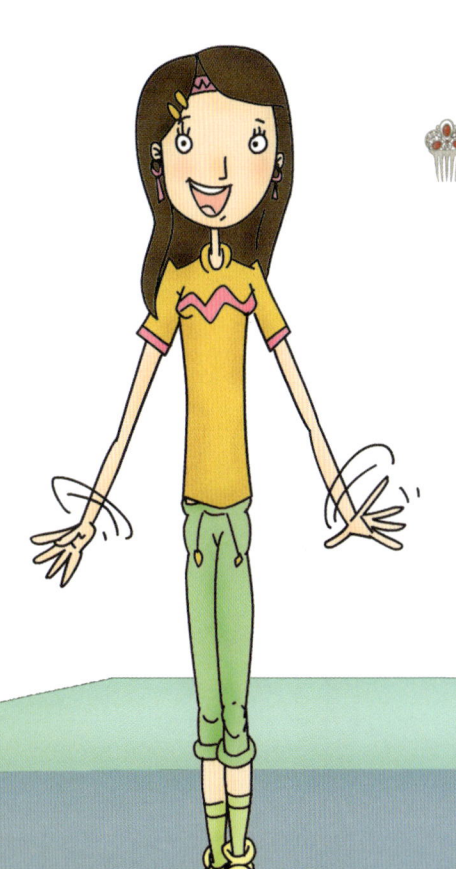

Pasos con peso

🪙 Inicia en la posición cero: de pie, con las piernas juntas.

🪙 Da un paso adelante con tu pie derecho, desplazando tu peso en esa dirección. Lleva los brazos hacia arriba y ligeramente hacia atrás, rotando siempre las muñecas y teniendo el cuidado de no levantar los hombros.

🪙 Regresa al punto de partida, bajando los brazos, sin dejar de rotar las muñecas.

✋ Puedes hacer este paso con cualquier pie, hacia adelante o hacia atrás y alternando uno y otro lado.

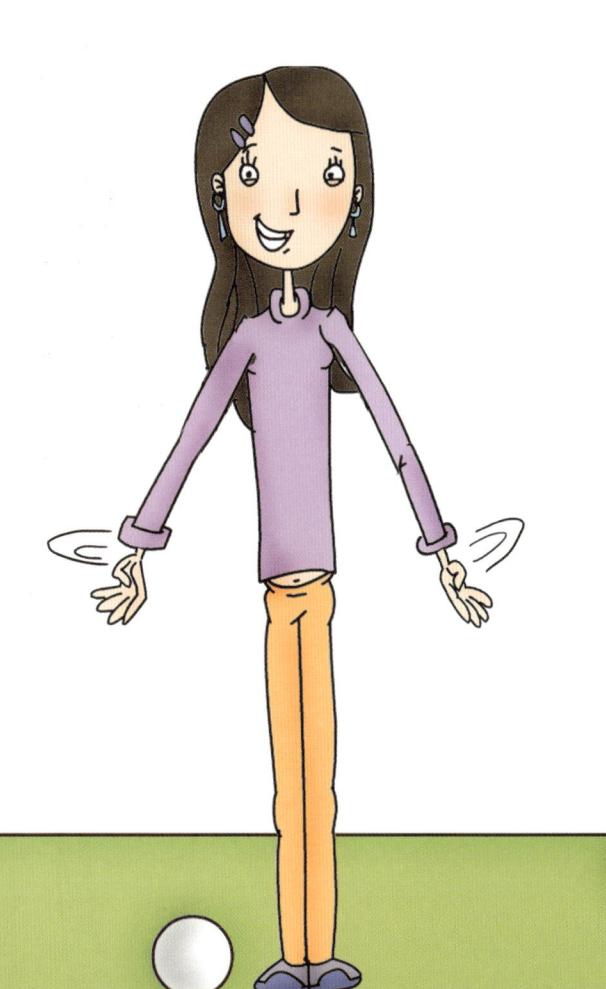

Medialunas girantes

- Inicia en la posición cero: de pie, con las piernas juntas.

- Da un paso atrás con el pie derecho, girando tu cuerpo de manera que este pie quede mirando en dirección opuesta al izquierdo.

🪙 Regresa al centro.

🪙 Da un paso atrás con el pie izquierdo —girando tu cuerpo— de manera que este pie quede mirando en dirección opuesta del derecho. Mientras giras, los codos se doblan ligeramente hacia afuera y las muñecas rotan todo el tiempo.

Un paso después

¡A relajarte! Con estos pasos recupera el ritmo normal de tu corazón y sigue con tus actividades:

1. Acuéstate sobre un tapete o colchoneta. Cierra los ojos y tensiona todo tu cuerpo. Mantén la tensión por 5 segundos, tratando de involucrar cada uno de los músculos. Relájate y suelta todo el cuerpo.

2. Repite este ejercicio, separando ahora las distintas partes de tu cuerpo. Por ejemplo, empieza por los músculos de cara y cuello; sigue con el abdomen, el pecho, los brazos, las manos, las nalgas, las piernas, los pies… Cada parte por 5 segundos. Relájate y comprueba la diferencia entre tensión y distensión.

3. Ahora concéntrate en tu respiración. No pienses en nada, solo siente cómo respiras profunda y tranquilamente. Quédate así por lo menos 5 minutos. Verás lo relajada que estarás al terminar. Antes de levantarte, siéntate en posición de loto por un momento.

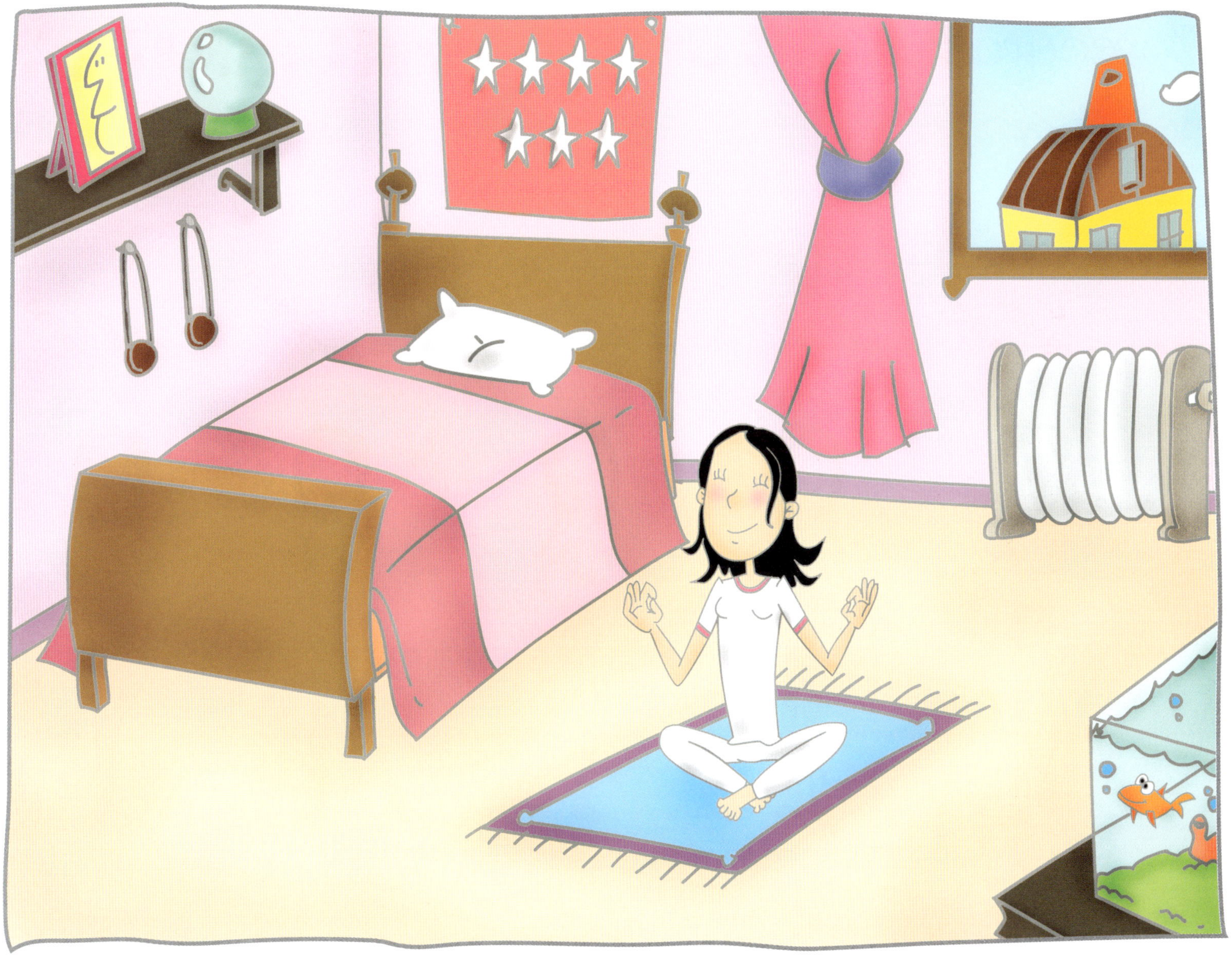

Coreografía de Silvia

Marcha y brazos	Punteo simple con giro	Punteo simple con giro	Paso de cruz	Caderas de rumba
1 vez	2 con la derecha y un giro a la izquierda	2 con la izquierda y un giro a la derecha	4 hacia adelante y 4 hacia atrás	1 vez hacia la izquierda

Arcos sostenidos	Pasos con peso adelante	Pasos con peso atrás	Marcha y brazos	Punteo simple con giro	Punteo simple con giro
1 vez	1 con la derecha y 1 con la izquierda	1 con la derecha y 1 con la izquierda	1 vez	2 con la derecha y un giro a la izquierda	2 con la izquierda y un giro a la derecha

Vals

193

El vals nació en Alemania, pero se hizo popular en Viena y París. La palabra original alemana "waltz" significa "girar".

A la realeza le encantó esta danza y, por primera vez, se aceptó el contacto físico de una pareja al bailar.

No solo hay vals clásico, hay valses en la música popular de distintas culturas, como el vals criollo argentino, el vals peruano, el vals ranchero y muchos más.

Es costumbre abrir con el vals celebraciones como bodas, 15 años, y aniversarios de matrimonio.

La pinta

Una moña y unos aretes vistosos acentuarán lindamente tu cara.

Un vestido de talle ajustado realzará tu cintura. Cuanto más vuelo tenga la falda, más ondeará al deslizarte por la pista.

Unos zapatos bellos y cómodos te permitirán bailar la noche entera.

El abanico es un accesorio clásico, indispensable para las niñas.

Un traje formal de pantalón y chaqueta del mismo tono es el atuendo indicado para los jóvenes.

La camisa de cuello y la corbata o corbatín son los complementos obligatorios para la pinta en estos eventos elegantes.

Los zapatos deben ser oscuros y de suela dura para deslizarse mejor al bailar.

Máscaras a la medida

NECESITAS

Papel periódico para proteger el área de trabajo

Vendas de yeso

Vaselina

Recipiente hondo con agua

Materiales para decorar y un trozo de elástico

1. Protege el área de trabajo con el papel. Toma las vendas y recorta 2 tiras de 7 cm x 2 cm para la base, y 10 de 7 cm x 4 cm para el resto.

2. Recuesta tu modelo boca arriba sobre el papel y ponle una buena capa de vaselina en **TODA** la cara, especialmente en las cejas y el borde del pelo. **OJO**: de no hacerlo, será muy doloroso retirar la máscara.

3. Humedece una de las 2 tiras de la base y crúzala sobre la cara, desde la parte superior de la ceja izquierda, pasando por la nariz, hasta el lado de la fosa nasal derecha. Con la otra tira de base, repite la operación en dirección opuesta. Quedará una "X".

4. Humedece una de las otras tiritas y ponla sobre la frente, pasándola sobre los extremos superiores de la "X". Alisa al máximo.

5. Humedece y aplica el resto de las tiras, estirando bien. No cubras ojos ni fosas nasales. Ponlas horizontal o verticalmente, o recórtarlas para ajustarlas a las facciones. La cara debe cubrirse con dos capas de yeso y el grosor de la máscara debe ser parejo.

6. Con las manos húmedas, remata bien los bordes para que no te maltrate la piel y deja endurecer la máscara unos minutos, sin que seque del todo.

7. Manipulando el yeso, agrégale ahora rasgos como una nariz grande, verrugas u otros.

8. Al cabo de 15 minutos, retira la máscara con las puntas de los dedos; de los bordes hacia adentro.

9. Déjala secar y decórala. Ábrele los orificios laterales para pasar el elástico que la sostendrá.

Los cuernos u otros agregados se ponen cuando la máscara se haya retirado y esté ligeramente seca.

Esta actividad es más divertida si el modelo es un amigo y se turnan para hacerse las máscaras.

¡Feliz año!

Ponches de fruta y sonoros *crackers*, pitos, antifaces y máscaras de fantasía para recibir el año. ¡Diez, nueve, ocho, siete, seis, cinco, cuatro, tres, dos, …!

201

Brazaletes de princesa

NECESITAS

Alambre

Cortafrío de bisutería

Pinzas redondas

Cuentas plásticas de colores que vayan con tu vestido

Si quieres hacerte un anillo compañero, repite el procedimiento, a la medida del dedo.

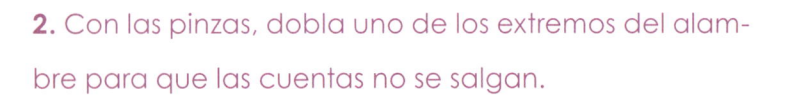

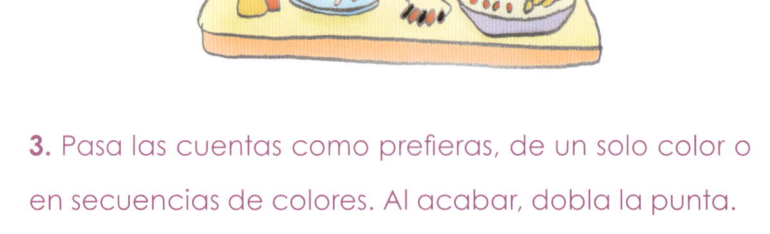

1. Decide el tipo de brazalete: de una o de varias vueltas, y corta el alambre necesario con el cortafrío.

2. Con las pinzas, dobla uno de los extremos del alambre para que las cuentas no se salgan.

3. Pasa las cuentas como prefieras, de un solo color o en secuencias de colores. Al acabar, dobla la punta.

4. Dale la forma, enrollándolo alrededor de tu muñeca las veces que sea, según el modelo escogido.

Abanico

NECESITAS

1 trozo de papel grueso de 50 cm x 23 cm

Crayones, marcadores, pinturas, escarcha

Engrapadora y pegante

2 palitos planos de 20 cm de largo

Cinta de tela del color que te guste

1. Con los crayones, los colores y la escarcha decora el papel, para que salga con tu traje.

2. Ahora pliégalo a lo largo, en dobleces de unos 2 cm, como si fuera un acordeón.

3. Junta los pliegues en la parte inferior y engrápalos para mantenerlos unidos.

4. A partir del punto donde engrapaste los dobleces, pega un palito a lo largo de cada extremo.

5. Corta 2 trozos de cinta de tela de 35 cm y pégalos sobre los palitos, de la base hacia arriba. La cinta sobrante te servirá para cerrar el abanico.

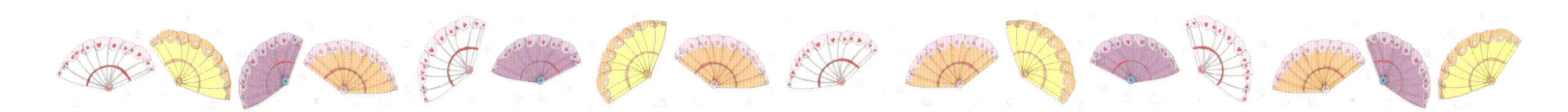

Deja secar bien el abanico antes de usarlo.

Un paso antes

Para bailar vals necesitas la actitud de toda una princesa, así que debes preparar tu cuerpo para asumir la postura debida. Estos son algunos de los trucos que te ayudarán a lucir espectacular mientras bailas. ¡Sigue la rutina de la princesa!

1. Toma un libro que no sea ni muy pesado ni muy liviano y ponlo sobre tu cabeza. Verás que la única forma de que no se caiga es manteniendo una postura erguida.

2. Empieza a caminar lentamente y acentúa los pasos que das, apoyando toda la planta del pie. Poco a poco aumenta la velocidad.

3. Ahora más difícil. Sigue caminando, sin permitir que el libro se te caiga y mueve los brazos, abriéndolos hacia los lados y luego cerrándolos. Párate bien erguida y, con el libro aún en la cabeza, mira a uno y otro lado, girando suavemente la cabeza. Enseguida, abre un poco las piernas, en línea con las caderas, y rota el tronco: primero hacia la derecha y luego hacia la izquierda.

4. Ahora, sin prisa, desliza los pies, tratando de hacer giros lentos. Puedes ensayar este ejercicio en pareja.

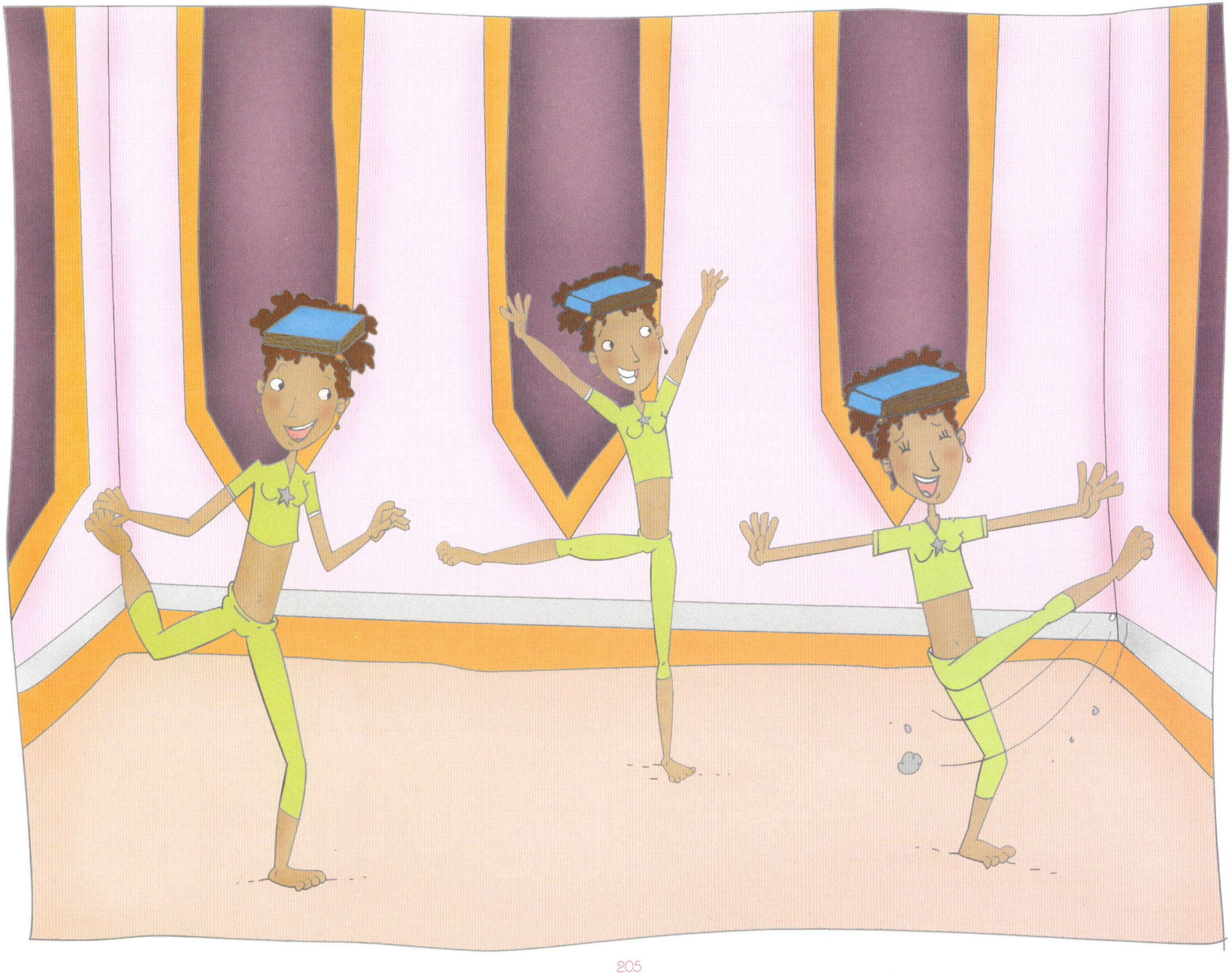

El clásico

👐 👐 👐 👐 👐 👐

👑 Inicia en la posición cero: de pie, con las piernas juntas.

👑 Lleva la pierna derecha hacia el lado y luego desliza la izquierda hasta juntarse con ella.

👣 Al cerrar, empínate sobre las puntas y baja.

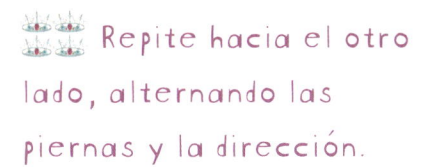

👣 Repite hacia el otro lado, alternando las piernas y la dirección.

🪭 Avanza deslizando los pies sobre el piso.

🪭 Este paso no tiene que hacerse siempre alternando las piernas o quedándose en el mismo puesto. La siguiente variación "En sus brazos", te permite hacer tanto pequeños círculos con tu pareja como bordear toda la pista.

En sus brazos

👑 Empieza con tu mano izquierda detrás del hombro de tu parejo, mientras él te ciñe por la cintura con el brazo derecho. Los brazos libres se toman de la mano y se extienden a la altura de los hombros.

👑 Cuando tú das un paso hacia adelante, tu parejo lo da hacia atrás. Cuando tú te desplazas hacia la derecha, tu parejo lo hace hacia la izquierda y así sucesivamente.

A partir del paso "El clásico", abriendo una pierna, cerrando la otra, y subiendo y bajando en las puntas de los pies, desplázate libremente por la pista en el sentido de las manecillas del reloj.

Mientras bailas imagina que tienes un libro sobre la cabeza. Esto te ayudará a mantener una buena postura y hará que los movimientos se realicen con delicadeza, no a brincos.

La cajita real

- Inicia en la posición cero: de pie, con las piernas juntas.

- Avanza un paso hacia adelante con la pierna izquierda.

- Trae la pierna derecha hacia adelante y, sin parar, llévala hacia el lado derecho, dibujando una "L" invertida.

Junta los pies, llevando el pie izquierdo hacia el derecho.

Da un paso con la pierna derecha hacia atrás. Trae la pierna izquierda y, sin parar, llévala hacia el lado izquierdo, dibujando otra "L" invertida.

Junta los pies, llevando el derecho hacia el izquierdo.

Con una mano, con la otra

👑 Inicia con tu parejo en la posición cero: ambos de pie, con las piernas juntas y tomados de las manos.

👑 Con tu pie izquierdo da un paso en diagonal hacia adelante sobre el derecho y junta el derecho. Los pies y el cuerpo quedan mirando en diagonal hacia la derecha. Tu parejo hace lo mismo pero en sentido contrario.

Empinada en las puntas, gira los pies hasta quedar mirando en diagonal hacia la izquierda y baja los talones. Tu parejo hace lo mismo pero en sentido contrario. Repitan el paso hacia el otro lado.

Este paso puede hacerse las veces que quieras, alternando siempre los pies y el sentido de la diagonal. Asimismo, la pareja puede soltarse una mano al cambiar la diagonal.

Sobre las olas

🎻🎻🎻🎻🎻🎻🎻🎻

👑 Inicia en la posición cero: de pie, con las piernas juntas. Saca la pierna derecha hacia el lado y junta luego la izquierda. Empínate sobre los dos pies y baja.

👑 Saca la pierna izquierda en diagonal hacia atrás y junta la derecha. Empínate sobre los dos pies y baja.

👑 Ahora da un paso en diagonal hacia adelante con la pierna derecha y junta la izquierda. Empínate sobre los dos pies y baja.

🎵🎵 Saca la pierna izquierda hacia el lado y junta luego la derecha. Empínate sobre los pies y baja.

🎵🎵🎵 Saca la pierna derecha en diagonal hacia atrás y junta la izquierda. Empínate sobre los dos pies y baja.

🎵🎵🎵 Da un paso en diagonal hacia adelante con la pierna izquierda y junta la derecha. Empínate sobre los dos pies y baja.

Un paso después

Luego de bailar y antes de retomar tus actividades, haz una rutina de estiramientos.

1. Ponte de pie, separa y estira bien las piernas. Inclina suavemente tu torso hacia el lado derecho 5 veces. Repite igual número de veces hacia el lado izquierdo.

2. Con los brazos atrás y las manos unidas, baja lentamente el torso hacia adelante hasta donde puedas. Lo ideal es hasta el nivel de las rodillas. Sostén la posición por unos 10 segundos. Repítelo 3 veces.

3. Sube tus brazos y estíralos hacia arriba lo más que puedas, mientras te apoyas en una sola pierna y elevas un poco la otra. Repite 5 veces con cada pierna.

4. Con las manos en la cintura y las piernas separadas en línea con la cadera, gira la cadera en el sentido de las manecillas del reloj por 30 segundos. Repite el movimiento en sentido contrario por el mismo tiempo.

217

Coreografía de Úrsula

El clásico	En sus brazos	La cajita real	Con una mano, con la otra	Sobre las olas	En sus brazos
2 veces	6 veces girando	1 vez	2 veces a cada lado	4 veces completo	8 veces libremente

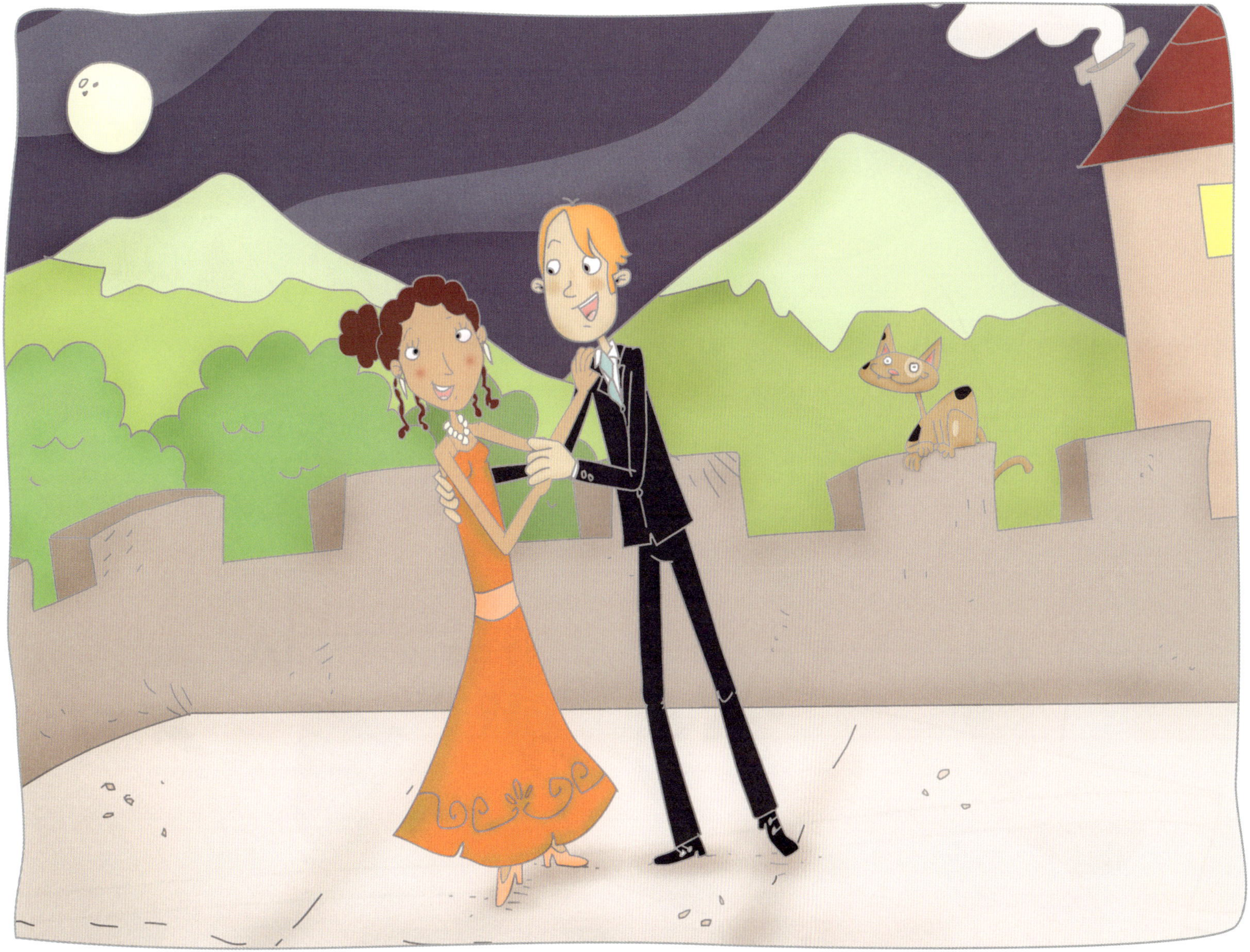

Cancán

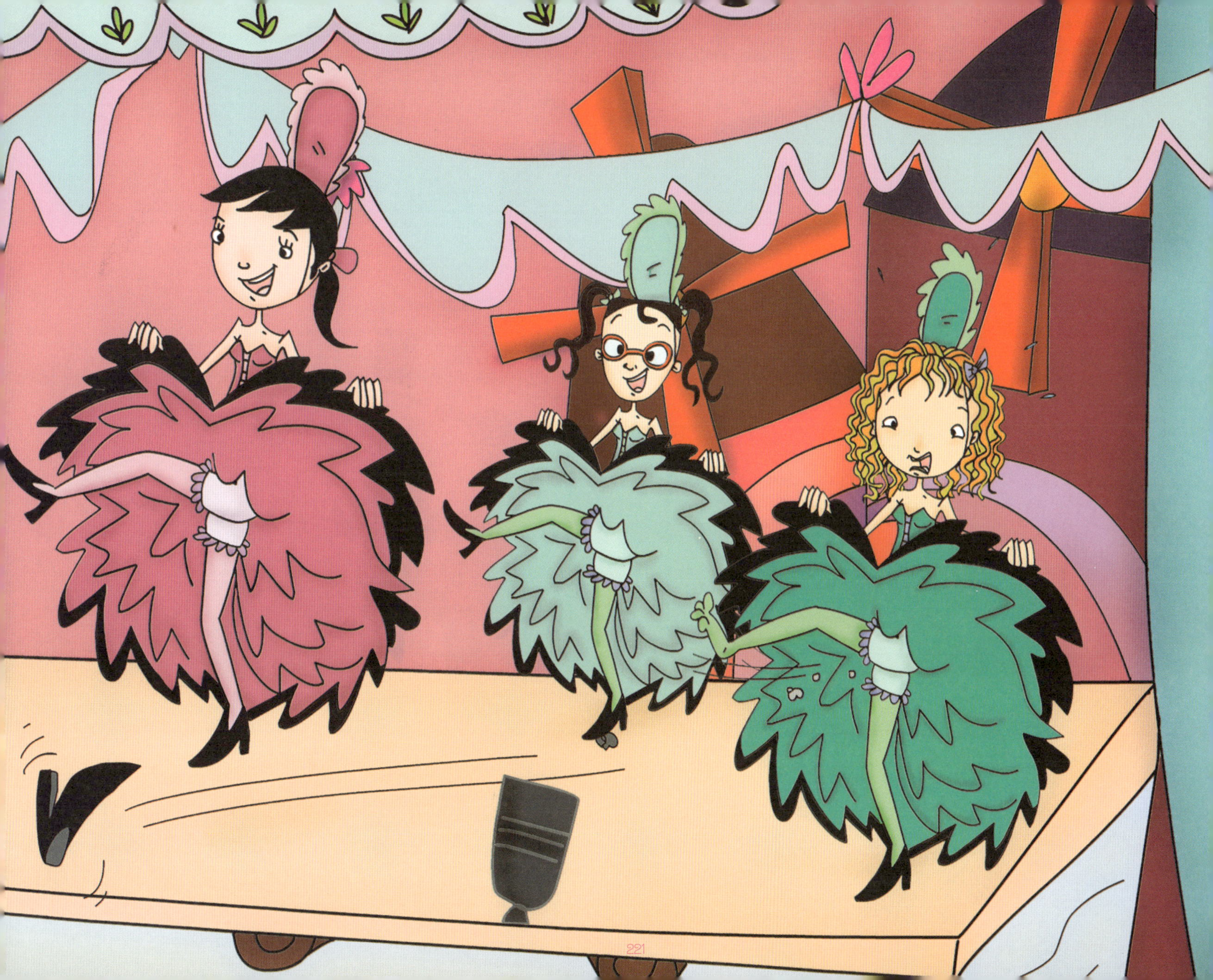

El cancán nació en París a finales del siglo XIX.

En sus comienzos este baile fue considerado muy, muy ES – CANCAN – DA – LO – SO. ¡Las mujeres levantaban las piernas al aire y se alzaban la falda en público! ¡El horror!

El Moulin Rouge es un cabaret parisino, famoso por sus shows de cancán.

El pintor Toulouse-Lautrec plasmó en su obra muchos aspectos del cancán.

Las bailarinas del cancán lucen vistosos atuendos que juegan entre sí.

La pinta

Adornos altos para la cabeza, muchas veces con plumas de colores.

Cinta o gargantilla negra para acentuar la línea del cuello.

Corsé de encaje con tirantas.

Falda amplia de distintos largos, para poderla mecer.

Top de rayas ajustado al talle.

Zapatos muy parisinos con trabilla.

Boa, también de plumas, un accesorio indispensable, muy chic.

Guantes o mitones negros largos.

Crinolinas de tul para esponjar la falda.

Botas altas de tacón para hacer ver las piernas largas.

Mallas negras con diseños.

Calzones bombachos, un toque coqueto al levantar la falda.

Gargantillas

NECESITAS

Cinta negra

Botones decorativos de diversos colores y formas

Aguja e hilo

1. Corta un pedazo de cinta que alcance para rodear tu cuello y hacer un moño que la cierre.

2. Corta otro pedazo que alcance para rodear tu muñeca y hacer un un moño que la cierre.

3. Empezando por el centro, cose a las tiras de cinta uno grande o varios pequeños botones de colores.

¡Listo! Ahora puedes hacerte muchas otras gargantillas y pulseras para distintas ocasiones.

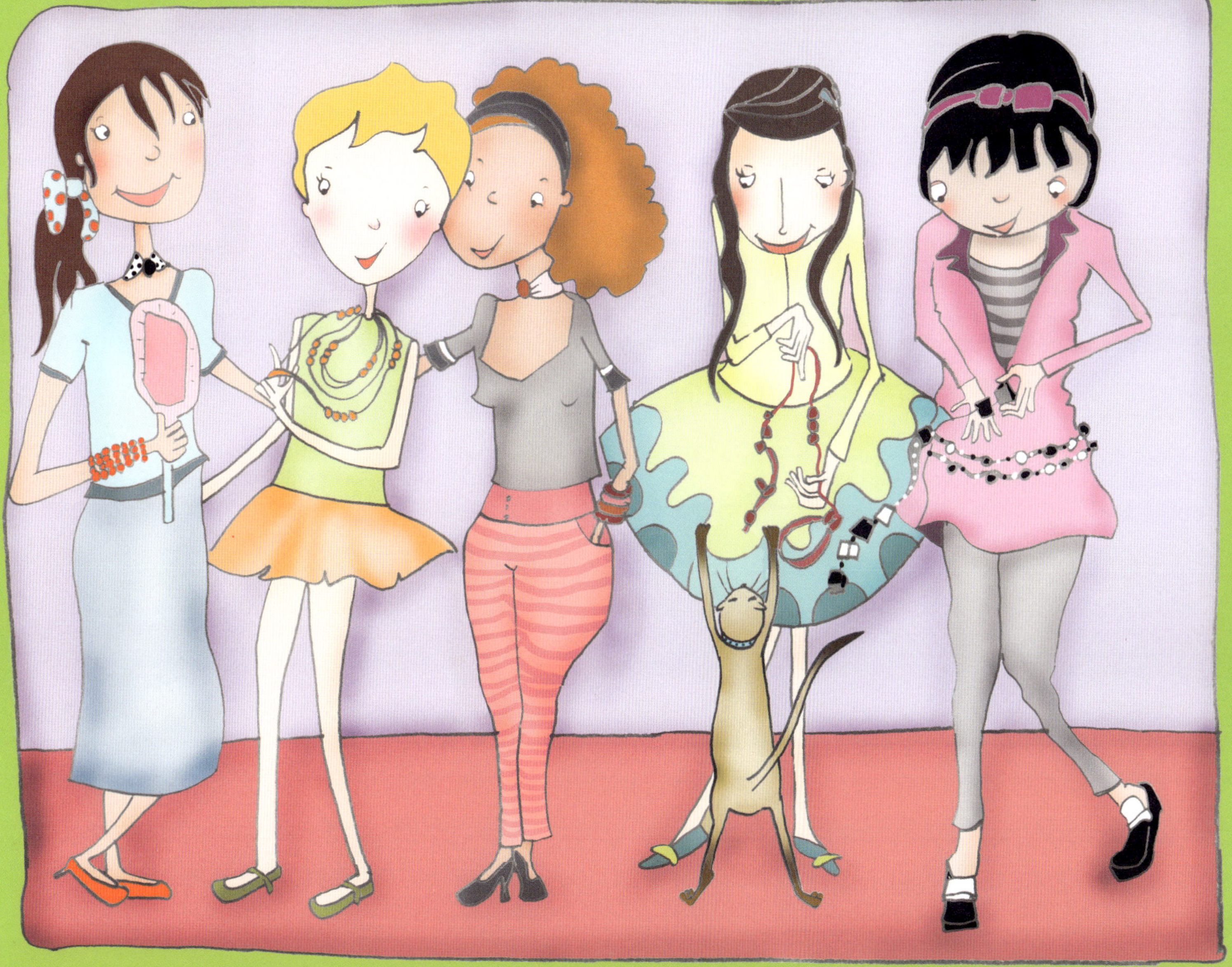

Promenade del arte

Una de las maravillas de París es su riqueza cultural, representada, entre otras, por sus grandes museos. A propósito, ¿qué tanto sabes tú de arte? Haz la prueba...

¿Qué pintora mexicana es conocida por sus numerosos autorretratos?

Andy Warhol es el conocido creador del *Pop Art*. ¿Qué famosa "diva" del cine es la que aparece en la obra del artista colgada en esta muestra?

¿Sabes cuál es la obra *El grito*, de Edvard Munch?

¿Qué cuadro, que parecería pintado por un niño, es de Miró, el pintor surrealista español?

En esta galería se encuentra el retrato *La joven con arete de perla* ¿Quién es su autor?

¿Cuál de estas grandes obras maestras, que pertenece al Renacimiento italiano, está en el Museo del Louvre? ¿Cómo se llama? ¿Quién la pintó?

¿Qué diosa —símbolo femenino por excelencia— surge del mar en este cuadro de Sandro Boticelli, que se encuentra en la Galleria degli Uffizi, en Florencia, Italia?

Un paso antes

Veamos si tienes la energía necesaria para resistir toda una sesión de cancán. Te invitamos a hacer un juego clásico para calentar y estar preparada para los saltos de este baile.

1. Es sencillo, canta esta ronda, añadiéndole cada vez más partes del cuerpo hasta que te estés moviendo por completo:

*En la batalla del calentamiento,
se hace sentir la fuerza del valiente.
Jinete, a la carga..., carga, carga.
¡Con una mano, luego con la otra!*

2. Y cada vez vuelves a empezar, haciendo toda una serie de secuencias: manos, pies, trote, agachada, cadera, patada, vuelta y... ¡el paso que se te ocurra!

3. Estas secuencias también ponen a prueba tu memoria: tienes que ir añadiendo pasos hasta ejercitar todo tu cuerpo.

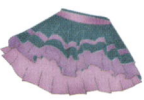

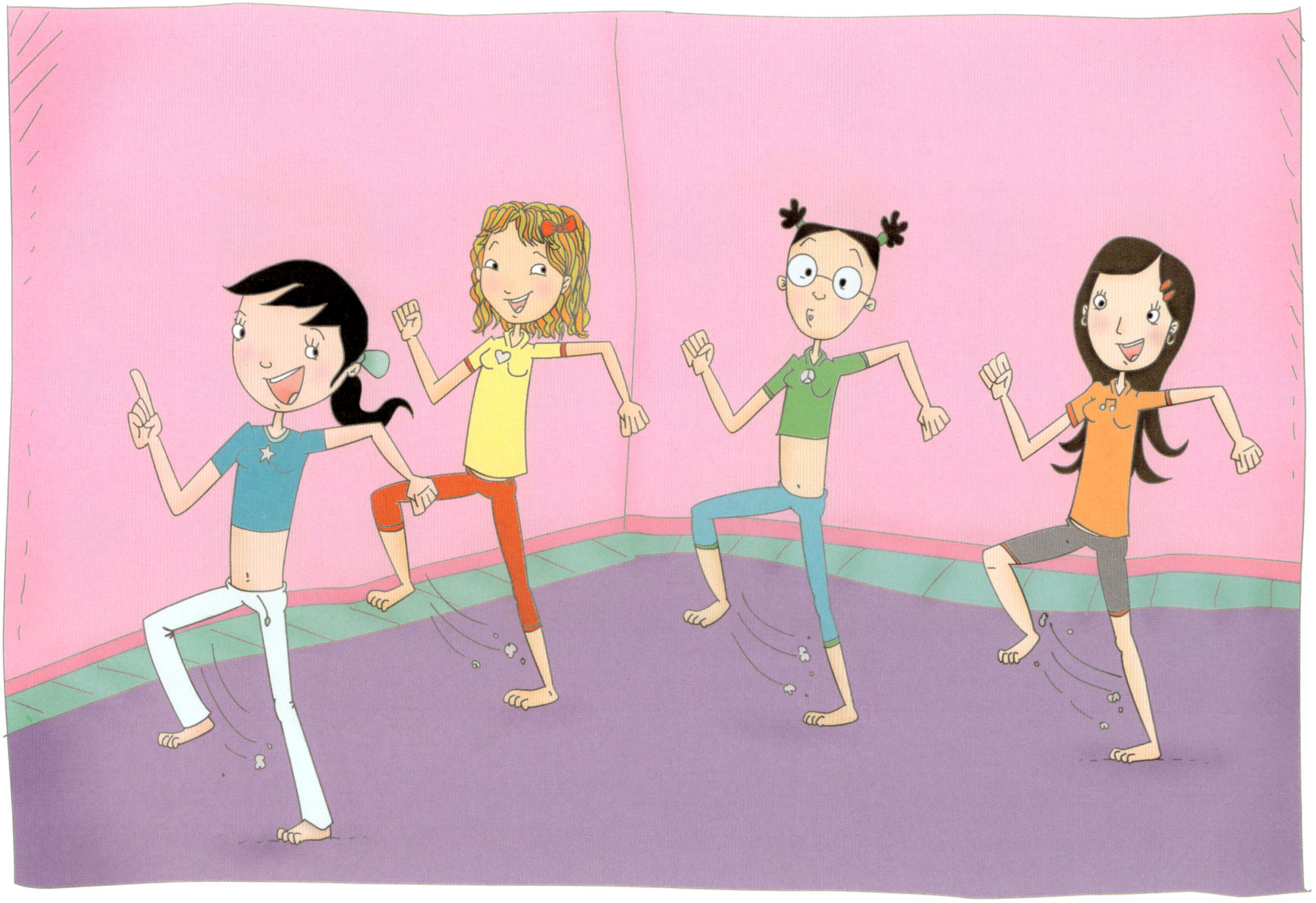

El trotecito

🖌 Inicia en la posición cero: de pie, con las piernas juntas y la falda agarrada con las manos, a la altura de la cadera.

🖌 Corre en el puesto, levantando los pies hacia atrás al máximo, casi tocando los glúteos con los talones. El peso del cuerpo va hacia adelante y la espalda se mantiene estirada.

Trotecito y rodillas

🌸 Inicia en la posición cero: de pie, con las piernas juntas y trota en el puesto, levantando las rodillas al frente, lo más que puedas.

🌸 Mantén la falda a la altura de las caderas o de la barbilla, sin taparte la cara. Mécela de un lado al otro como si fuera un timón.

Rodilla arriba

🪶 Inicia en la posición cero: de pie, con las piernas juntas.

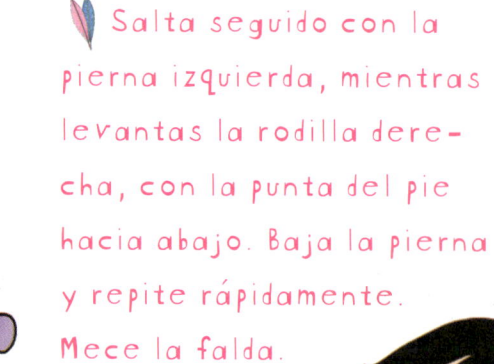

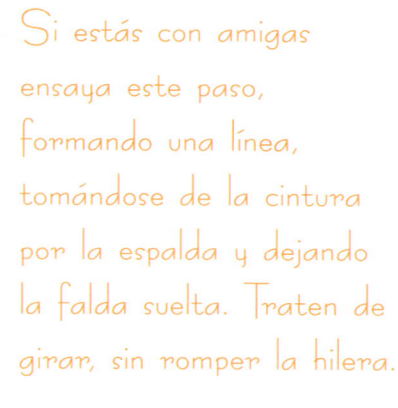

🪶 Salta seguido con la pierna izquierda, mientras levantas la rodilla derecha, con la punta del pie hacia abajo. Baja la pierna y repite rápidamente. Mece la falda.

✻ Si estás con amigas ensaya este paso, formando una línea, tomándose de la cintura por la espalda y dejando la falda suelta. Traten de girar, sin romper la hilera.

Patada sencilla

Salta seguido con la pierna izquierda, mientras levantas la pierna derecha bien estirada, con la punta del pie hacia el frente. Puedes hacerlo con cualquiera de las piernas.

Si te gusta el ballet, de seguro tendrás un cuerpo muy flexible y podrás elevar la pierna como toda una profesional.

Una y otra

❧ Se trata de combinar los dos pasos anteriores. Inicia en la posición cero: de pie, con las piernas juntas y salta con una pierna, levantando la otra con la rodilla doblada. Baja.

❧ Sin hacer pausa, salta con la misma pierna, levantando la otra pierna extendida y con la punta del pie hacia el frente. Baja y repite, alternando uno y otro paso.

Patada al lado

🪶 Inicia en la posición cero: de pie, con las piernas juntas. Mientras subes, bajas o meces la falda, salta con una pierna, levantando la otra hacia el lado con la rodilla doblada.

🪶 Sin hacer pausa, sigue saltando con la misma pierna, levantando la otra extendida hacia el lado y la punta del pie estirada. Baja y repite, alternando las dos formas.

Tijeras hacia adelante

🖌 Inicia en la posición cero: de pie, con las piernas juntas. Manteniendo las piernas y las puntas de los pies estiradas, corre en el puesto con la espalda recta.

🖌 Puedes hacer lo mismo, corriendo con las piernas estiradas hacia atrás.

Círculos saltados

Salta en una pierna mientras levantas la otra con la rodilla flexionada hacia adelante y dibujas círculos con la punta del pie.

No te preocupes si en algún momento pierdes el ritmo. Sigue bailando hasta que logres emparejarte.

Medialunas encadenadas

Haz medialunas, una después de la otra.

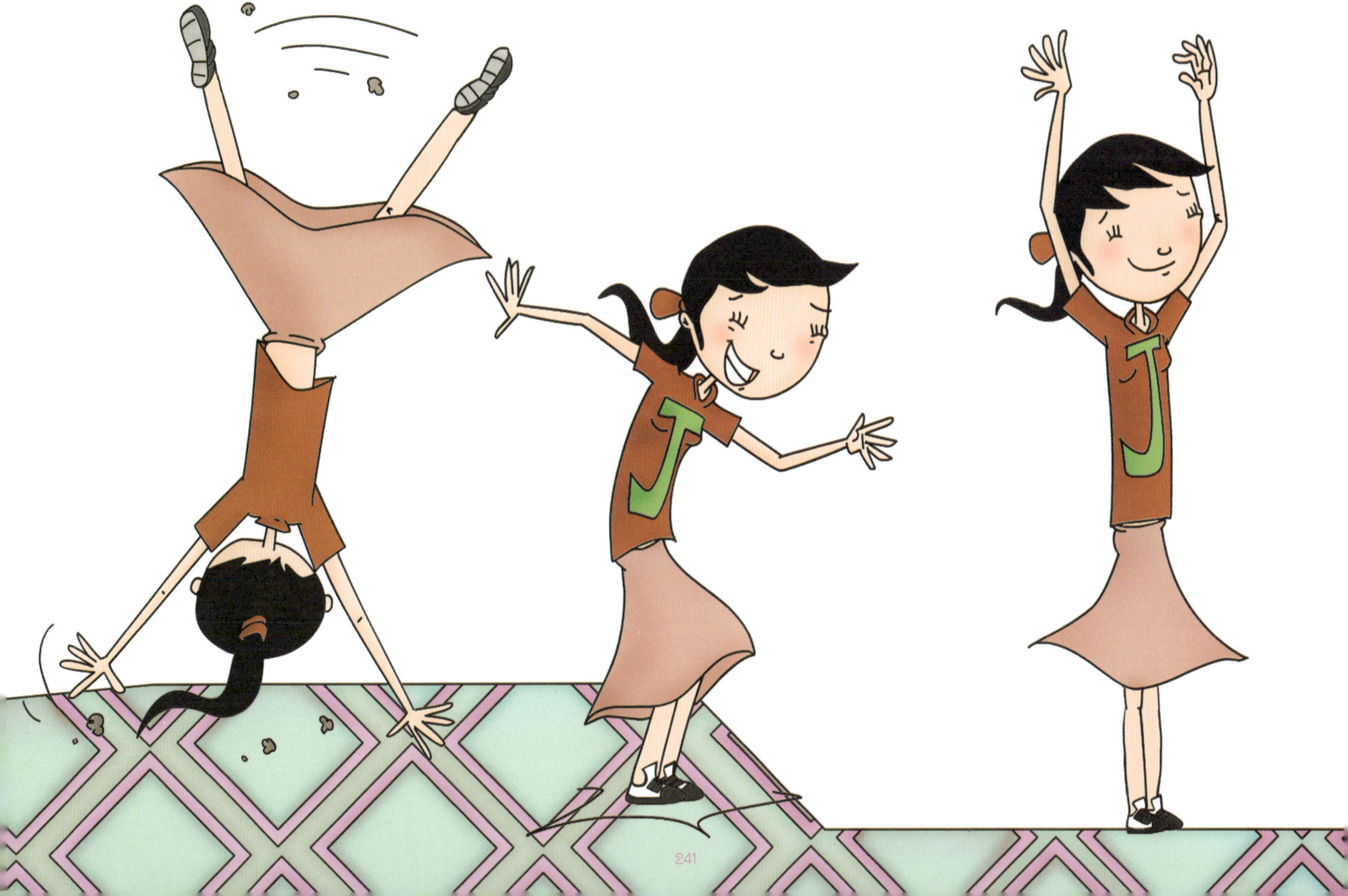

Giro en el puesto

🍃 Inicia en la posición cero: de pie, con las piernas juntas.

🍃 Manteniendo el pie izquierdo en el puesto, gira hacia la izquierda, lo más rápido que puedas, impulsándote con el pie derecho. Los brazos mecen la falda, levantándola incluso por encima de la cabeza.

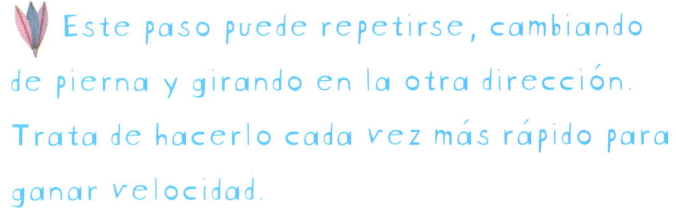

❦ Este paso puede repetirse, cambiando de pierna y girando en la otra dirección. Trata de hacerlo cada vez más rápido para ganar velocidad.

Moulin Rouge significa "molino rojo". El popular cabaret parisino que lleva este nombre atrae a miles de turistas que quieren ver las bailarinas de cancán, en vivo y en directo, en el mismo lugar donde se originó el baile.

Mediavuelta

🖋 Inicia en la posición cero: de pie, con las piernas juntas.

🖋 Apoyada en el pie izquierdo, da un paso al frente con el derecho y, sin levantar los pies del suelo, gira el cuerpo hacia la izquierda, hasta quedar mirando atrás.

🌷 Todavía apoyada en el pie izquierdo, da un paso hacia adelante con el pie derecho y, sin levantar los pies del suelo, gira de nuevo hacia la izquierda, hasta quedar mirando para el otro lado.

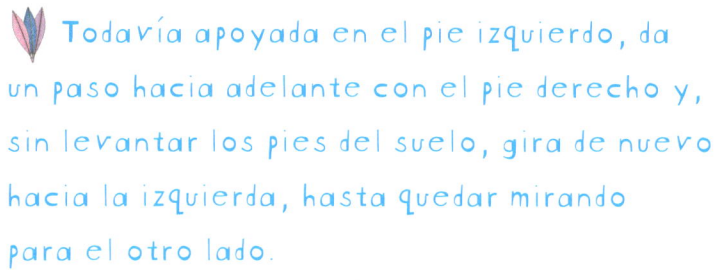

🌷 Este paso también puede hacerse hacia el otro lado, apoyada en el pie derecho y dando el paso con el pie izquierdo.

A mover la colita

❧ Inicia en la posición cero: de pie, con las piernas juntas.

❧ Voltéate y, de espaldas al público, levanta la falda por delante y mueve la colita de lado a lado, inclinando el tronco al frente.

La soirée...

Para esa tarde francesa, con desfile de modas y té —¡un plan inolvidable para hacer con amigas!, alista unas *madelaines* calientitas o una deliciosa *quiche lorraine*.

Un paso después

Por ser un baile muy agitado, el cancán, más que cualquier otro, exige recuperar los músculos y el corazón. Para ello, imagina que eres un guerrero ninja y practica estas patadas lentamente:

1. De pie con las piernas juntas, lleva una pierna al frente. Flexiona ambas piernas y trae la que está atrás, subiéndola con la rodilla flexionada a la altura de la cadera. Sostén y repite varias veces.

2. Con una pierna adelantada, flexiona las piernas. Patea lentamente hacia adelante con la pierna que está atrás, doblando la rodilla y estirando luego la pierna al máximo. Da 10 patadas con cada pierna.

3. De pie con las piernas juntas, extiende los brazos hacia los lados. Levanta al máximo una pierna, totalmente recta, y da un paso. No levantes el talón o el pie en que te apoyas. Camina así 10 veces, intercalando piernas.

4. Abre las piernas en línea con tus hombros, flexionándolas un poco y doblando tus brazos, como protegiendo el pecho. Imagina que estás evadiendo patadas y para ello, mueve el torso de lado a lado. Hazlo 10 veces.

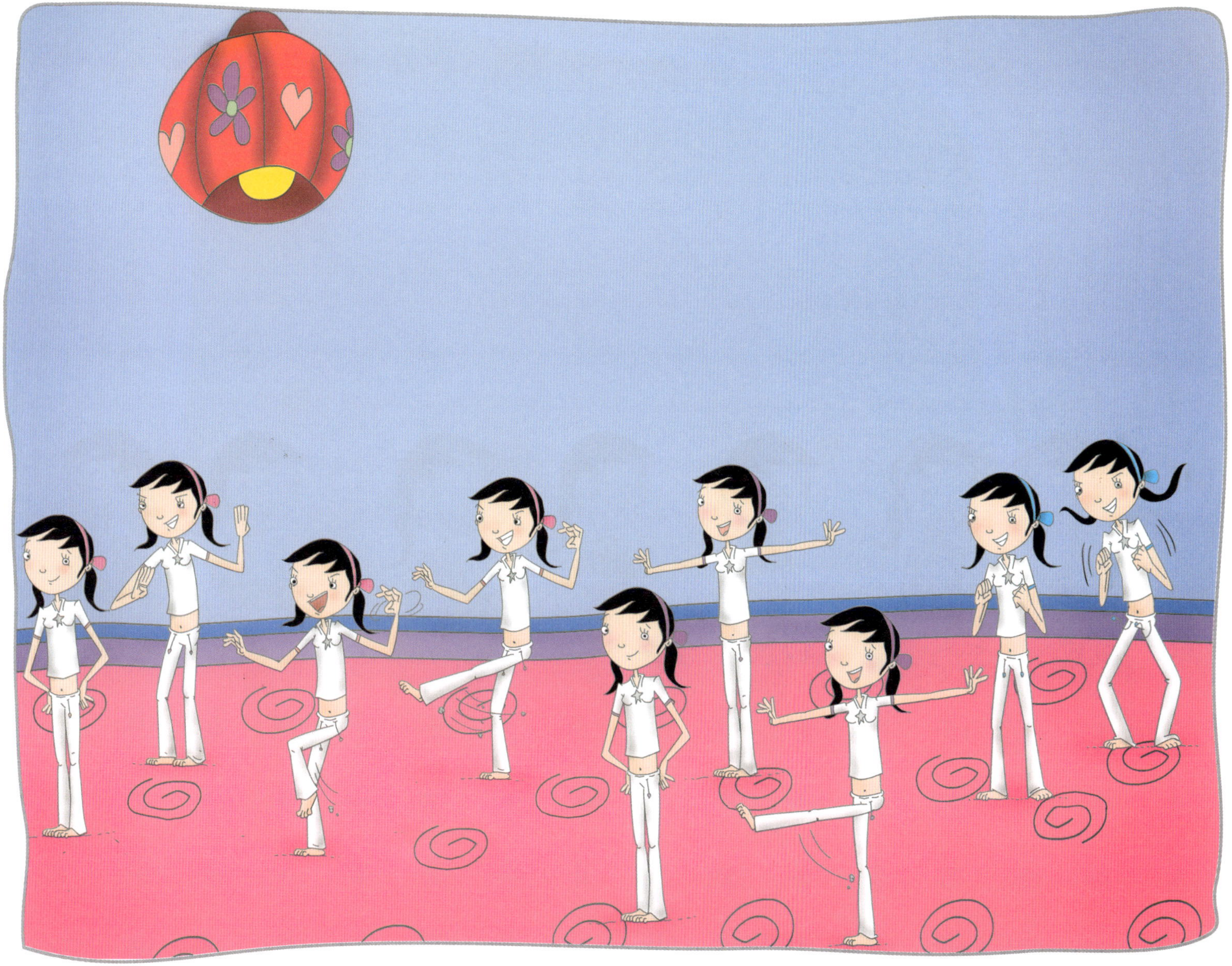

Coreografía de Juliana

El trotecito	Trotecito y rodillas	Patada sencilla	Rodilla arriba	A mover la colita	Una y otra	Patada al lado
6 tiempos	7 tiempos	4 veces	4 veces alternando	1 vez	8 veces	6 veces

Círculos saltados	Giro en el puesto	Medialunas encadenadas	Tijeras hacia adelante	Medialunas encadenadas	Tijeras hacia adelante	Giro en el puesto
8 veces con el pie derecho	8 veces	4 veces	3 tiempos	4 veces	3 tiempos	1 vez

Índice

CANCÁN, 220

A mover la colita, 246
Calentamiento, 230
Círculos saltados, 239
Coreografía de Juliana, 250
Datos curiosos, 222
El trotecito, 232
Enfriamiento, 248
Fiesta: La soirée 247
Gargantillas, 226
Giro en el puesto, 242
La pinta, 224
Medialunas encadenadas, 240
Mediavuelta, 244
Patada al lado, 237
Patada sencilla, 235
Promenade del arte, 228
Rodilla arriba, 234

Tijeras hacia adelante, 238
Trotecito y rodillas, 233
Una y otra, 236
Un paso antes, 230
Un paso después, 248
Vestimenta, 224

DANZA ÁRABE, 116

Alejando camellos, 130
Caderines sonoros, 123
Calentamiento, 126
Coreografía de Fiona, 150
Datos curiosos, 118
Enfriamiento, 148
Enredadera, 132
Envolviendo la momia, 140
Fiesta: Entre Sherezadas, 122
La pinta, 120

Maquillaje, 124
Meditación en movimiento, 142
Ocho básico, 144
Ocho egipcio, 146
Parando camellos, 128
Péndulo, 134
Pisando fuego, 138
Shakiras, 136
Un paso antes, 126
Un paso después, 148
Vestimenta, 120

ROCK AND ROLL, 10

Calentamiento, 22
Caminata, 36
Círculos con rodillas, 38
Círculos dobles, 40
Coreografía de Maia, 48

Datos curiosos, 12
El slide, 32
Elvis, 27
Enfriamiento, 46
Falda rocanrolera, 16
Fiesta: ¡Fuera zapatos! 20
La pinta, 14
Lado a lado, 26
Patadas al cuadrado, 42
Pateando, 24
Sacudida de hombros, 44
Saltos, 34
Twist, 28
Twist a los lados, 30
Un paso antes, 22
Un paso después, 46
Vaca negra, 21
Vestimenta, 14

RUMBA FLAMENCA, 152
Arcos sostenidos, 180
Botoñuelas, 161
Caderas de rumba, 178
Calentamiento, 164
Coreografía de Silvia, 190
Datos curiosos, 154
¡Desafío a la flamenca!, 172
Enfriamiento, 188
Espirales en flor, 163
Fiesta: Fiesta gitana, 162
Giros cruzados, 176
La pinta, 156
Labios voluptuosos, 158
Manos que vuelan, 160
Marcha y brazos, 166
Más allá del desafío, 174
Medialunas girantes, 186

Mirada gitana, 158
Paso de cruz, 182
Pasos al lado, 170
Pasos con peso, 184
Punteo simple, 168
Un paso antes, 164
Un paso después, 188
Vestimenta, 156

SALSA, 50
Calentamiento, 60
Collares al natural, 56
Coreografía de Sabrina, 84
Datos curiosos, 52
El cruzadito, 74
El gira gira, 78
El meneadito, 64
El paseito, 68

El tintineo, 72

El vaivén, 76

El voy y vengo, 66

El zurdo, 70

Enfriamiento, 82

Fiesta: ¡Noche en Nueva York!, 58

La mecedora, 62

La pinta, 54

La vuelta, 80

Malteada tropical, 57

Un paso antes, 60

Un paso después, 82

Vestimenta, 54

TANGO, 86

Básico adelante, 106

Básico para niñas, 100

Básico retro, 104

Calentamiento, 96

Coreografía de Emma, 114

Datos curiosos, 88

El lápiz, 108

El otro, 110

Enfriamiento, 112

Farolitos, 95

Fiesta: El asadito, 92

La pinta, 90

Pañoletas, 94

Un paso antes, 96

Un paso después, 112

Vestimenta, 90

VALS, 192

Abanico, 203

Brazaletes de princesa, 202

Calentamiento, 204

Con una mano, con la otra, 212

Coreografía de Úrsula, 218

Datos curiosos, 194

El clásico, 206

En sus brazos, 208

Enfriamiento, 216

Fiesta: ¡Feliz año!, 200

La cajita real, 210

La pinta, 196

Máscaras a la medida, 198

Sobre las olas, 214

Un paso antes, 204

Un paso después, 216

Vestimenta, 196

Y LAS EXTRAS EN LA WEB

Cuando me encuentres en las páginas 16, 45, 58, 93, 94, 122, 161, 162, 201, 229 y 247 entra a la web y goza todas las sorpresas que hemos preparado especialmente para ti.

www.cosasdeninas.com

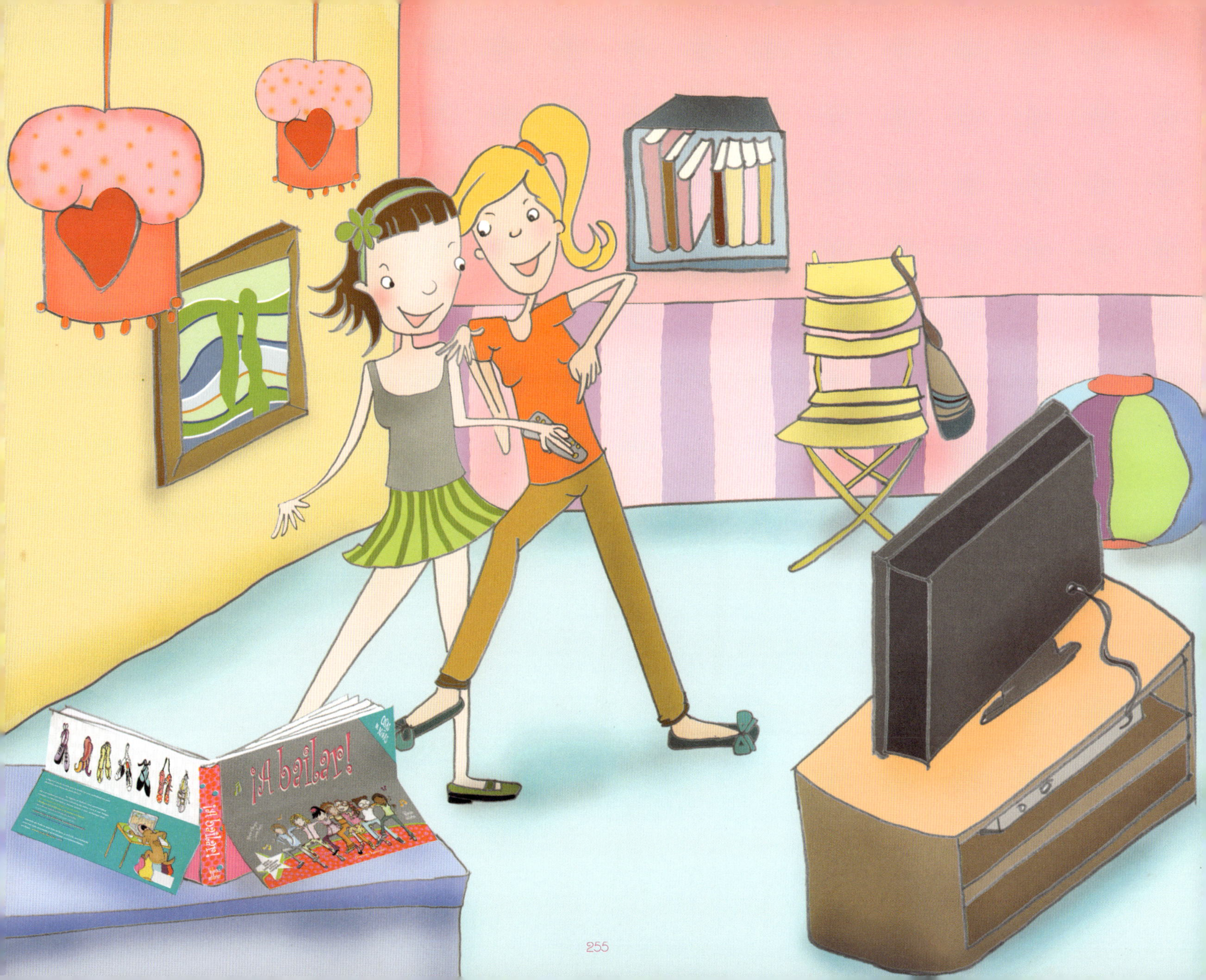
¡A bailar!
¡A bailar!

Las autoras agradecen a Verónica Acevedo, Michelle Akl, Sofía Akl, Nicole Antoine-Feill, Alexandra Barreto, Ana Calderón, Isabel Calderón, Alejandra Carvajal, Angie Monsalve Figueroa, Eugenia Montoya, Luisa Montoya, Gabriela Osorio Bravo, María José Pérez, Sara Rodríguez Medrano, Nina Sasson y Samira Spring, por su valiosa ayuda en los bailes y coreografías.

Libro creado, desarrollado y editado en Bogotá, Colombia, por Villegas Asociados S. A.,
Avenida 82 n.º 11-50, int. 3 | PBX 57.1.6161788
informacion@villegaseditores.com

© María Villegas y Jennie Kent
© Villegas Editores 2010

Textos: María Villegas y Jennie Kent
Ilustraciones y animación: Mauricio Müller
Edición y montaje de DVD: Felipe Torrado
Color: Vivian Cuervo
Portada e ilustración: Caterina Arango
Asesoría profesional de baile: Sajeeva Hurtado
Creación coreográfica: Sajeeva Hurtado
Diseño y diagramación: Andrea Vélez, Erika Díaz
Revisión de estilo: Stella Feferbaum
Asistencia editorial: Sylvia Gómez, Ivonne García y José Jácome
Composición y arreglos musicales: Nicolás Ramírez C.
Grabación, mezcla y masterización: Nicolás Ramírez C.
Programación de DVD: Camila Robayo

Todos los derechos reservados. Ninguna parte de esta publicación o DVD puede ser reproducida, almacenada en sistema recuperable o transmitida en forma alguna o por ningún medio electrónico, mecánico, fotocopia, grabación u otros, sin el previo permiso escrito de Villegas Editores.

El editor agradece a **PUNTO BLANCO** por el apoyo institucional para la publicación de la primera edición de esta obra.
www.puntoblanco.com.co

Primera edición, octubre de 2010 | ISBN 978-958-8306-60-5
Primera reimpresión mayo de 2014

Aunque este libro contó con asesoría profesional en el desarrollo de los distintos bailes, vale la pena aclarar que, en su mayoría, los nombres de los pasos fueron creación de las autoras y que en ningún caso el contenido del libro aspira a reemplazar la enseñanza directa en academias especializadas de baile. Igualmente, por tratarse de un ejercicio físico, su práctica debe ser aprobada por un profesional de la salud, de acuerdo con las condiciones de cada persona. Las autoras y el editor no se hacen responsables por problemas derivados del desconocimiento de estas recomendaciones.

www.cosasdeninas.com